科特勒
营销全书

Philip Kotler
Marketing
Book

张 乐 编著

辽海出版社

图书在版编目（CIP）数据

科特勒营销全书 / 张乐编著. —沈阳：辽海出版社，2018.12
ISBN 978-7-5451-5221-0

Ⅰ.①科… Ⅱ.①张… Ⅲ.①市场营销学 Ⅳ.①F713.50

中国版本图书馆 CIP 数据核字（2019）第 027143 号

科特勒营销全书

责任编辑：柳海松
责任校对：丁　雁
装帧设计：廖　海
开　　本：630mm×910mm
印　　张：14
字　　数：181 千字
出版时间：2019 年 3 月第 1 版
印刷时间：2019 年 3 月第 1 次印刷

出版者：辽海出版社
印刷者：北京一鑫印务有限责任公司

ISBN 978-7-5451-5221-0　　　　　定　价：68.00 元
版权所有　翻印必究

前言

菲利普·科特勒生于1931年，是现代营销学集大成者，被誉为"现代营销学之父""营销界的爱因斯坦"。多年来，科特勒一直致力于营销战略与规划、营销组织、国际市场营销及社会营销的研究，他创造的一些概念，如"反向营销"和"社会营销"等，被人们广泛应用和实践。他的许多著作被译成几十种语言，传播于近60个国家，被世界营销人士视为营销宝典。他的《营销管理》是现代营销学的奠基之作，被誉为市场营销学的"圣经"，是全球最佳的50本商业书籍之一。

科特勒见证了美国经济20世纪40年的起伏跌宕和繁荣兴旺史，他的理论深刻地影响了一代又一代美国企业家。尤其是在美国超大型跨国企业的成长中，科特勒做出了巨大的贡献。从1975年到1995年的20年间，科特勒多次获得美国国家级勋章和褒奖，包括"保尔·D康弗斯奖""斯图尔特·亨特森·布赖特奖""营销卓越贡献奖""查尔斯·库利奇奖"。此外，他是美国营销协会(AMA)第一届"营销教育者奖"的获得者，也是至今唯一3次获得过《营销杂志》年度最佳论文奖——阿尔法·卡帕·普西奖的得主。

不仅在美国国内，科特勒的营销理论放射出耀眼的光芒，在亚洲地区，特别是在中国，他的思想同样受到了无与伦比的推崇。1986年以来，科特勒多次造访中国，与中国的学者与营销人员亲密接触，共同探讨市场营销在中国的发展。他先后出版《营销管理(亚洲版)》《亚洲新定位》《科特勒看中国与亚洲》等近10种著作，将近百万册，专门针对亚洲市场与中国市场的特性做出了论述，被我国的企业家与学者奉为圭臬，MBA几乎人人都研读过科特勒式的"百科全书"。

因此，无论是从国际化的角度还是本土化的影响来看，科特勒的营销思想都是营销相关人员了解和掌握营销学精髓的不二选择。每一位营销人员，无论你是普通的销售者，还是运筹帷幄的营销管理者，都可以在科特勒的著述中找到你所需要的内容，从而为自身所从事的营销工作找到指导方略。为此，我们编写了《科特勒营销全书》这本书，本书集合了科特勒的《营销管理》《水平营销》等多本著作及一些演讲的思想精华，总结了科特勒几十年的营销经验，集中撷取科特勒所说的主要观点，并进行了生动的阐述。

本书系统解析了科特勒营销理论，内容全面，涵盖营销的所有重要课题，试图帮助企业最高领导层、营销部门及营销人员在短期内快速掌握科特勒营销理论要领、营销艺术及营销的具体操作方法和技巧，从而从整体上提高企业的市场竞争力。通过科特勒渊博的见解，你可以迅速更新你的营销知识和技能，了解到资料库营销、关系营销、高科技营销、全球化营销、网络营销等热门营销理念，从容应对超级竞争、全球化和互联网所带来的新挑战和新机遇。科特勒的许多营销操作和实践已经得到美国电报电话公司、通用电气、福特汽车、杜邦公司、IBM公司、惠普公司等全球财富500强企业的验证和推广。

同时，为了能够帮助广大营销人员更好地理解科特勒的思想，本书本着实用、全面的原则，通过科特勒营销理念的引导，从如何进行市场调研、制定营销策略、进入国际市场、紧跟时代潮流等方面，结合具体的营销经典案例，教给大家全面、具体的营销实战操作方法和技巧，就如同科特勒亲身传授你营销知识一样亲切、自然，能让你迅速领悟它的精髓，从而在市场营销中获得成功。

目 录

第一篇　理解营销：创造并收获顾客价值

第一章　企业的核心职能在于营销 ………………… 2
营销至简：满足别人并获得利润 …………………… 2
营销即识别、创造、沟通、交付和监督顾客价值 … 4
差的、好的和伟大的营销之间迥然不同 …………… 7
营销不是短期销售行为，而是长期投资行为 ……… 9
营销是企业一切活动的核心 ………………………… 11

第二章　大败局：将企业拖入困境的致命营销过失 … 15
营销的大敌是"赚了就跑"的短线思维 …………… 15
营销是 4P，绝不能被缩减成 1P …………………… 17
营销不是单兵作战，而是全员战役 ………………… 19
当你忽视竞争者的时候，他会悄悄闯入你后院 …… 21

第三章　大趋势：未来营销唯一不变的就是变化 …… 25
真正的顾客为王：从参与、互动直至主导 ………… 25
全面营销：广泛、整合的视角不可或缺 …………… 27
差异化：成为与众不同的"紫牛" ………………… 29
精准营销：广泛的精准和精准的广泛 ……………… 32

第二篇　营销环境：从市场中来，到市场中去

第一章　宏观环境：鱼不离水，营销脱不掉社会力量影响… 36
  企业必须掌握的 6 种主要宏观环境因素………… 36
  读懂人口环境才能透视营销受众………………… 38
  每一种新技术都是一种"创造性破坏"力量…… 40
  政治法律有底线，企业要"做正确的事情"…… 43
  文化环境直接影响着消费心理与行为…………… 45

第二章　微观环境：层层面面构建起企业的价值传递网络… 48
  企业必须掌握的 6 种主要微观环境因素………… 48
  企业最大的风险就是放松对顾客和竞争对手的关注… 51
  企业必须关注大趋势，并时刻准备从中获利…… 54
  谁的全球网络建得好，谁就能取得竞争的胜利… 57

第三章　市场信息与顾客洞察：信息的价值在于应用… 60
  营销胜利的基础越来越取决于信息，而非销售力量… 60
  太多的信息与太少的信息一样有害………………… 62
  内部资料、市场情报、营销调研中都藏着宝贵信息… 64
  聪明的公司在每个可能的顾客接触点上捕捉信息… 66

第三篇　营销战略与管理：为企业勾勒蓝图

第一章　成功的营销是精心计划出来的……………… 70
  没有认真计划，那么你正在孕育失败……………… 70

目 录

所有公司总部都在从事这样四项计划活动……… 72
有效而清晰的使命声明能让企业走得更稳更远 … 74
营销策划是一个周密而系统的六步过程……… 76
营销计划是指导和协调市场营销工作的核心工具 79

第二章 先想"做什么",再想"怎么做"………… 83

优胜劣汰,规划出最佳的业务组合……………… 83
找准战略业务单位,力争数一数二……………… 85
企业目标不是成长,而是赢利性增长…………… 87
企业3种通用战略:总成本领先、差异化和聚焦 89
"产品—市场"扩展的四步走战略……………… 92
小企业也能从健全的战略规划制定中极大地获益 … 95

第三章 营销管理,把战略计划落到实处………… 98

从营销角度出发CEO可分成4种类型………… 98
杰出营销的关键不在于做什么,而在于做成什么 …… 100
企业应该在短中长3个规划期的视角下进行管理 …… 102
策略趋同:任何行之有效的营销策略都会被模仿 …… 104

第四篇 消费者:企业存在的目的与根基

第一章 顾客为什么购买:影响消费者行为的因素… 108

消费者的购买行为受文化、社会、个人因素的影响 … 108
核心价值观决定了消费者的长期决策和需求… 110
营销者要关注消费者的人生大事或重大变迁… 113
消费者对彼此的信任要远远超过对企业的信任 115

—3—

消费者对营销活动的抵制达到了前所未有的水平 …… 117

第二章　消费者的购买决策心理与行为 …… 120

消费者典型的购买决策会经历 5 个阶段 …… 120
人类学研究，从宏观上把握消费者心理 …… 122
理性的行为其实并不是具有最后决定性的力量 … 124
消费者购买决策追求的是价值最大化 …… 126

第三章　打造深度的用户体验营销 …… 130

顾客期待从购买中获得理性、感官、社会和自我的满足 … 130
向顾客传达一种愉悦的体验比推销产品更重要 …… 133
体验营销满足的是消费者的思想、成就感和自我表达 …… 135
企业必须深入开展与消费者的合作 …… 138

第五篇　超竞争时代：比竞争者做得更好一点

第一章　识别、分析、选准自己的竞争对手 …… 142

识别竞争者：从产业和市场出发，克服"近视症" … 142
分析竞争者：每一个细节都不要放过 …… 145
选择竞争者：强与弱，近与远，良与恶 …… 147
企业要取得成功，必须构建核心竞争力 …… 149

第二章　十面埋伏，竞争无处不在 …… 153

企业面临着五股竞争力量的威胁 …… 153
行业竞争者：细分市场的容量是有限的 …… 155
潜在进入者：有利润，就会有跟风 …… 157

替代者：比现有竞争对手更具威胁力…………159
购买者：与越来越精明的顾客博弈…………162
供应商：上游不安，下游不稳…………164

第三章 市场领导者：第一不是那么好当的…………167

一步领先不等于步步领先…………167
保持领先最具建设性的策略就是持续创新…………169
扩大总体市场，将市场蛋糕做大…………172
保护市场份额，巩固领导地位…………174

第六篇 品牌：企业最持久的无形资产

第一章 品牌的价值比一切都贵重…………178

品牌在企业发展中处于核心战略地位…………178
品牌是把4P结合到一起的黏合剂…………180
对消费者而言，品牌意味着价值和信任…………182
品牌是保障竞争优势的强有力手段…………184
伟大的品牌唤起的是形象、期望和承诺…………186

第二章 什么造就了一个伟大的品牌…………189

最强的品牌定位能够触动消费者的情感深处…………189
品牌共鸣：顾客的思想决定了品牌的强势程度…………192
高度一致的"品牌+定位+差异化"才能实现成功营销… 194
能在顾客心中产生正面联想的品牌才能成为强势品牌…197
品牌化的根本就是创建产品之间的差异…………198

—5—

第三章　品牌难立易毁，开发管理需谨慎……………… 201

品牌强化：让品牌不断向前避免贬值……………… 201
品牌活化：让衰退品牌焕发新颜……………………… 203
品牌延伸：利用已建立的品牌推出新的产品…… 204
联合品牌：强强联合的"1+1＞2"效应……………… 206
成分品牌：为产品创建足够的知名度和偏好…… 208
品牌接触：让每个接触点上都产生正面关联体验…… 211

第一篇

理解营销：创造并收获顾客价值

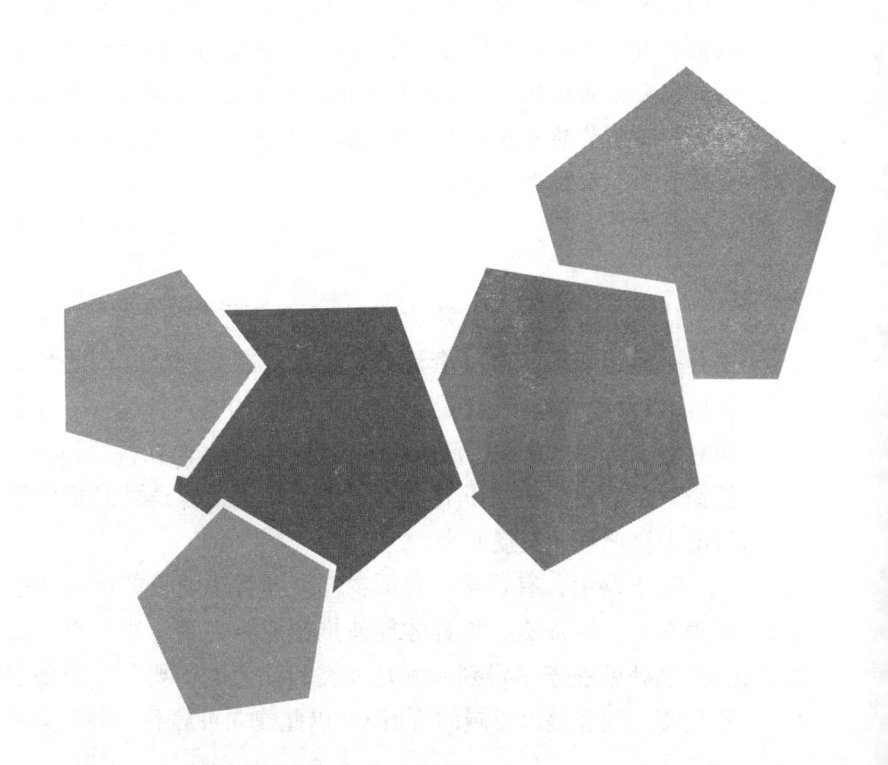

第一章
企业的核心职能在于营销

营销至简：满足别人并获得利润

> 市场营销是辨别并满足人类和社会的需要。对市场营销最简洁的定义，就是"满足别人并获得利润"。当 eBay 公司意识到人们在当地不能买到最想要的物品时，就发明了网上竞拍业务；当宜家公司意识到人们想购买廉价、质量高的家具时，就创造了可拆卸与组装的家具业务。所有这些都证明：市场营销可以把社会需要和个人需要转变成商机。
>
> ——科特勒《营销管理》

什么是市场营销？美国营销协会最新修订的定义如下："营销是一种组织职能和一套流程，用来对顾客创造、沟通和交付价值，以及以有益于组织及其利益相关者的方式管理顾客关系。"而对许多普通人来说，营销就是销售和广告。而在科特勒看来，营销就是满足别人并获得利润，也就是说，营销就是把价值交付出去，把利润交换回来。

关于营销，有这样一句话："市场营销的目的就是使推销成为多余。"那么，怎样才能使推销成为多余？很简单，其最关键之处就在于"辨别并满足人类和社会的需要"。市场营销就是要为顾客提供卓越的价值，并以此建立可赢利的顾客关系，也就是科特勒所说的"满足别人并获得利润"。在这一点上，四季酒店是一个很好的例子。

美国名嘴奥普拉·温弗瑞曾经问过好莱坞一线女星朱莉亚·罗伯茨一个有趣的问题："你最喜欢睡在什么上面？"这位大嘴美女答道："睡在四季酒店的床上。"她所说的这家四季酒店，是世界性的豪华连锁酒店集团，曾被 Travel and Leisure 杂志及 Zagat 指南评为世界最佳酒店集团之一，并获得 AAA5 颗钻石的评级。

这家酒店之所以能成为世界酒店行业的标杆，能得到众多名人的青睐，最主要的原因就是因为它能让客户得到极致的满足，它的服务堪称尽善尽美。

以上海的四季酒店为例：当它接待美国 CNBC（消费者新闻与商业频道）电视台的客户时，酒店会马上与上海专业机构联系，购置解码器，专门给 CNBC 一行的所有客房加上 CNBC 的频道播放，并精心印制专门的节目单；当它接待百事可乐的客户时，房间就全换上百事公司的产品；当菲利浦公司的客户下榻时，客房里全换上菲利浦公司的照明；当丰田公司的客户前来，床头上会放上注有丰田标牌的模型小汽车；三星电子公司的客户住店，酒店会不惜重金把高级套房其他品牌的等离子电视拆下来，换上最新型号的三星产品。这些待遇不只是对知名企业的大客户，就是对小孩儿，酒店也会一视同仁。当一对夫妇带了一个 6 岁孩子前来入住时，酒店会马上配上儿童浴袍、儿童拖鞋和气球等小玩具，加床也会符合孩子的身高。可以说，对每一位客户，只要有来客信息，四季酒店都会事先把细节工作做得妥妥帖帖。

四季酒店集团创始人伊萨多·夏普曾说："人们常问我，对四季酒店最初的设想是怎样的。实际上，根本没有设想或任何宏伟的计划。当我在建造我的第一座酒店时，我根本不懂酒店业。我从未想到过这将会变成我一生的事业，我也从未想到过有一天我将建造和管理世界上最大和最负盛名的五星级酒店集团。我从客户的角度开始涉足酒店业。我是主人，客户是我的宾客。在建造和运营酒店时，我这样问自己：客户认为最重要的东西是什么？客户最认同的价值是什么？因为如果我们给予客户最有价值的服务，他们就会毫不犹豫地为他们认为值得的东西掏腰包。这就是我一开始的策略，直到今天仍然如此。"

四季酒店能成为世界最佳酒店集团之一，归根结底，其经验就在于"满足别人并获得利润"。它为客户创造出了最大化的价值，最终也就收获了最大化的回报。

科特勒将一个市场营销过程分成5个步骤：

第一步，理解市场和顾客的需求和欲望；

第二步，设计顾客导向的营销战略；

第三步，构建传递卓越价值的整合营销计划；

第四步，建立赢利性的关系和创造顾客愉悦；

第五步，从顾客处获得价值和利润回报。

企业只有做好前面的四步，才能赢得最后一步，获得以销售额、利润和顾客忠诚为形式的价值回报。可以说，企业的一切市场营销活动都是为了满足顾客的需要，只有满足了顾客的需要，才能得到顾客的肯定和市场的认可。

营销即识别、创造、沟通、交付和监督顾客价值

很久以前我说过："营销不是找到一个精明的办法处理掉你制造的产品，而是创造真正的客户价值的艺术。"营销是为你的客户谋福利的艺术。营销人员的格言是：质量、服务和价值。我们可以把市场营销看作识别、创造、沟通、交付和监督顾客价值的一种过程。

——科特勒《科特勒说》

科特勒将"顾客价值"摆到了一个非常重要的位置,他将营销视为一个识别、创造、沟通、交付和监督顾客价值的过程。与之相似的是,亚马逊的创始人杰夫·贝泽斯也曾说:"每件事情的驱动力都是为顾客创造真正的价值,没有这个驱动力就没有一切。如果你关注顾客所需并与之建立良好关系,他们就会让你赚钱。"价值是市场营销中的一个核心概念,一般来说,顾客会在不同的产品与服务之间做出选择,而选择的基础就是哪一种可以给他们带来最大的价值。成功的企业都有一个共同点,那就是高度重视顾客并努力地去创造顾客价值并使之满意。

宜家公司是瑞典一家著名的家庭装饰用品零售企业,从最初的小型邮购家具公司到现今全球最大的家居用品零售商,宜家的秘诀在于它独有的营销理念——"与顾客一起创造价值"。在这种理念的指导下,宜家公司把自己与顾客之间的买卖关系发展成共同创造价值的关系,你中有我,我中有你,共同组成了一个价值链。

宜家有一个口号——"有价值的低价格",宜家的创始人英格瓦早年在参加家具展览会时,发现展览会上满目都是豪奢的展品,他想,普通人难道就不能享受最好的家具吗?富人只是少数,给大多数普通人生产家具才会有最大的市场。于是,他决定要将少数人才能享用的奢侈品改造成大众都能接受的产品,以低价格提供高质量的产品。要做到这一点,降低成本就成了不二法门。实际上,降低成本贯穿了宜家产品的整个过程,从产品构思、设计、生产到运输和营销,英格瓦无时不想着"成本"二字。宜家销售的家具价格比竞争对手平均要低30%~50%。

除了为顾客提供有价值的低价格产品,宜家还有一个制胜的法门,那就是"DIY"(do it yourself,意思是"自己动手")。宜家认为,不论是生产者还是消费者,都有创造价值的能力。问题的关键在于,作为销售商如何为每一个消费者施展能力、创造价值搭建一个舞台。宜家从来不把向顾客提供产品和服务视为一种简单的交易,而是当作一种崭新的劳动分工,即:将一些原来由加工者和零售商所做的工作交给顾客去做,公司方面则专心致志地向顾客提供价格低廉而质量优良的产品。

宜家每年都要印刷几千万份、10多种语言的产品目录。而每份目录同时又是宜家理念的宣传品和指导顾客创造价值的说明书。宜家销售的可随意拆卸、拼装的家具,消费者可以根据自己的爱好进行再创造,比如,宜家负责提供所需的油漆,消费者就可以自己设计家具的颜色。进入宜家的商场,顾客不仅可以无偿使用商场提供的各种设施,还可以得到产品目录、卷尺、铅笔和记录纸,以便在选择家具时使用,可谓"想顾客之所想"。

宜家的商品标签也与众不同,除标有商品的名称、价格外,还有尺寸、材料颜色以及定制、提货的地点。宜家希望顾客能够明白,来这里不仅可以消费,而且可以再创造。在一些家具商津津乐道于现场定制、送货上门的时候,宜家却别出心裁地向顾客提供了无数个自由创新的条件和机会。这正是宜家的高明之处。

因循这些思路,宜家形成了自己特有的风格。在宜家商场,家居用品应有尽有,它把各种商品组合成不同风格的样板间,淋漓尽致地展现每种商品的现场效果,激发人们的灵感和购买欲。而它的服务人员,决不会追在顾客屁股后面做烦人的推销。在宜家,一切贴近顾客,一切鼓励顾客自己去体验。正是这种独特的经营方式使得宜家成为最受顾客欢迎的家居用品零售巨头。

在当下这样一个顾客至上的商业时代,很多企业都在强调"以顾客为中心""为顾客创造价值",但这些,说起来容易,做起来艰难。科特勒曾说,营销是一种通过创造、交付和传播优质的顾客价值来获得顾客、挽留顾客和提升顾客的科学与艺术。通过宜家的经营,我们可以看到,它不但在销售产品和服务,更是在销售一种理念和价值。"与顾客一起创造价值"的经营理念，不仅拉近了宜家与顾客之间的距离，更是激发出了顾客无穷的活力和想象力，这样一种价值甚至远远超出了产品本身给顾客带来的价值。

差的、好的和伟大的营销之间迥然不同

差的、好的和伟大的营销之间迥然不同。"差营销"的公司只想着现有的产品，以及如何把它变得更好。他们是"近视"的，看不到顾客有变化的需求。"好营销"的公司认真观察市场，选择最具赢利性的细分市场来服务、来主导。这种公司贴近顾客和变化的需求。"伟大营销"的公司尽力为顾客想象新的利益，也许是顾客自己永远想象不出的利益。

——科特勒《世界经理人》采访

科特勒提出的"差的""好的"和"伟大的"3个营销层次，正体现了3种不同的驱动类型："差营销"的公司是市场驱动型，他们埋头做出自己的产品，然后再到处去寻找顾客，去拓展市场；而"好营销"的公司则是顾客驱动型，他们不会盲目地去生产产品，而是会首先深入研究市场的情况和顾客的需求，然后选准最适合自己的细分市场去耕耘；而"伟大营销"的公司则是驱动市场型，他们能准确把握住市场趋势，能够为顾客创造出超越期望、超越想象的利益和价值。乔布斯及其领导的苹果公司就是驱动市场型的杰出代表。

"在所有伟大的硅谷创业英雄里，乔布斯是我们无法绕过的一颗最闪亮的明星。道理很简单，没有乔布斯，今天的世界就一定是另一副模样；没有乔布斯，就没有 1977 年的 Apple II、1984 年的 Macintosh，1998 年的 iMac，2001 年的 iPod，2007 年

的 iPhone 和 2010 年的 iPad；没有乔布斯，今天我自己可以随时打开 iPad 上微博、玩'植物大战僵尸'的快乐生活就至少要被推迟 3 年！"这是李开复对乔布斯的一段评价。

在很多公司看来，营销就是满足顾客的需要，顾客想要什么就给他们什么，而乔布斯则说："那不是我的方式。我们的责任是提前一步搞清楚他们将来想要什么。我记得亨利·福特曾说过——如果我最初问消费者他们想要什么，他们应该是会告诉我，'要一匹更快的马！'人们不知道想要什么，直到你把它摆在他们面前。正因如此，我从不依靠市场研究。我们的任务是读懂还没落到纸面上的东西。"

乔布斯总是从消费者会有怎样的体验这一点出发，对事物进行思考，他要做的不仅是满足顾客的需要，更是引导甚至是创造顾客的需要。

在开发 Mac 的时候，乔布斯就完全颠覆了当时传统计算机的概念，他称自己受够了"方正、矮胖的电脑"，他拿出一本电话簿，对自己的团队说，这就是 Mac 的最大尺寸，绝对不能再大。他还推出了人们前所未见的"鼠标"，当时有杂志批判说"用鼠标去操作那小小的符号，简直会让人发疯"，但乔布斯就是认定这种设计会成为未来市场的大势所趋。

后来 iPod 的出现，更是掀起了一场新的消费革命，它已经不仅是一个播放器终端，而是成了一种社会现象。iPod 简易到极致的操作面板和独特的设计引发了消费者近乎宗教式的狂热追捧。

再到后来的 iPhone，iPhone 已经不仅是一部手机，它还是一台便携式电脑，是一台高质量的微型电视机、摄像机、收音机、录音机、照相机、游戏机、导航仪……可看电子书，可发 E-mail。乔布斯的无所不能概念，被它体现得淋漓尽致，基于此，其他手机被其远远地抛在身后。同时，iPhone 做工精良，软件丰富，操作简单，使用携带方便，集合了当今最先进电子信息技术，成了手机的风向标。

乔布斯本人很推崇"冰球大帝"韦恩·格雷茨基的一句名言——"我滑向球将要到达的地方，而不是它已经在的地方。"这与他领导苹果公司的理念是异曲同工的，苹果公司走在了市场趋势的前端，做到了真正的"驱动市场"。

"没有顾客问苹果公司要一个 iPhone，因为顾客想象不出在一部手机里可以有这样一整套令人兴奋的功能。苹果是一家驱动市场的公司，赋予有价值的新产品以生命。"这是科特勒对苹果公司的评价。他强调说，驱动市场才是对生活水准的提高，它包含真正的创新，而非鸡毛蒜皮的创新，他希望能涌现出更多驱动市场的公司。

驱动市场型的企业其营销的出发点是市场，注重环境分析、注重市场变化、注重从整体市场中寻找目标市场和客户、关注竞争、关注市场培育、关注行业动态、注重市场份额、注重市场占有和开拓，甚至关注培养和引导需求、引导消费观念。这样的一种视野和高度，能让企业的营销收到更好的效果。

营销不是短期销售行为，而是长期投资行为

营销经常与销售混为一谈。其实销售只是营销的冰山一角。在销售之外，营销还包括了广泛的营销调研、相应产品的研发、产品定价、分销渠道的开辟拓展，以及使市场了解这种产品。营销不是一种短期的销售行为，而是一种长期的投资行为。良好的营销在企业生产产品之前就已经开始了，并在销售完成之后仍然长期存在。

——科特勒《科特勒说》

科特勒指出，与销售相比，营销是范围更广且更具综合性的过程。市场营销的目的就在于深刻地认识和了解顾客，从而使产

品和服务完全适合特定顾客的需要，进而实现产品的自我销售。因此，理想的市场营销应该可以自动生成想要购买特定产品或服务的顾客，而剩下的工作就是如何使顾客可以购买到这些产品。科特勒举例说，索尼公司的索尼 Play Station 3（PS3）游戏机、苹果公司的 iPod Nano 数码音乐播放器，这些产品推向市场后，订单滚滚而来，原因就在于，它们都是在从事了大量的市场营销研究基础上才成功地设计出了这些适销对路的产品。

营销和销售之间的区别，简单来说，销售在于一个销字，也就是要把产品售与客户；营销除了销以外，还要营，就是经营，思考如何去进行销售，更多的在于宏观方面。营销活动在产品生产之前就已经开始，在产品销售出去之后依然延续。一个营销人员需要有很多方面的知识和经验，需要策划、管理、制定战略，而销售就是将产品卖给客户。销售人员一般较少考虑产品的发展，而重点考虑如何将现在的产品售出。可以说，销售的目的是把产品推销给用户以换回金钱，而营销的目的是让用户拿着金钱主动购买企业的产品。

很多企业将营销定义得过于狭隘，认为营销就是促进产品的销售，而这种狭义的营销观导致一些企业的营销行为具有两面性。积极的一面，企业能通过促销等手段快速实现销售，取得利润；消极的一面则表现为急功近利，并因此伤害渠道商和终端客户，造成营销无序、营销资源浪费，甚至会出现伤害品牌等诸多负面的影响。

奉行狭义营销观的企业，往往只遵从于两个"凡是"，凡是有利于销售提升的行为都敢于实施，哪怕需要铤而走险，甚至是旁门左道；凡是不能带来即时销售效果的行为都不予实施。这样一来，企业就可能会放任伤害品牌的营销举措发生，而不关注品牌的未来，在短期利益与长期利益之间毫不犹豫地选择前者。这样的营销行为就像洪水猛兽，最终冲击的是企业自身。

狭义的营销观念会给企业带来三大恶果：一是会陷入价格

战泥潭，导致企业无利可图；二是营销缺乏方向和灵魂，导致每一次营销行为都无法形成累积效应，为品牌积累资产；三是与品牌倡导的价值观背道而驰，毁了品牌。

如果将营销等同为销售，那么结果很可能是一场无序的、无效的营销，虽然能获得短期的利润，但并不能持续增长品牌的价值，不能持续有效地积累品牌的资产，甚至为企业埋下隐患，给企业的发展带来难以估量的损失。

市场营销的一个要素是"整合"，也就是将公司现有的各种要素及公司想要达到的目标与市场需求有机结合起来，并密切关注竞争者的情况和可能采取的措施。营销是一种现代经营思想，其核心是以消费者需求为导向，消费者或客户需求什么就生产销售什么，这是一种由外向内的思维方式。营销往往以长远的战略眼光来确定大的方向和目标，以切实有效的战略战术达成中短期目标，在这中间，销售只是起着先锋的作用。

全面意义上的市场营销，不仅限于我们常见的促销、广告和人员销售，它包括了市场调研、市场需求预测、选择目标市场、产品开发、定价、分销、促销及售后服务等一系列活动。良好的营销就是要做好这其中的每一环，尽管有些环节从表面上看，不能给企业带来即时的利润，但最终会显现它们的价值。企业应将营销视为长期的投资行为，而不是短期的销售行为。

营销是企业一切活动的核心

在企业界和公众的意识中，营销被极大地误解了。企业认为营销存在的目的在于支持生产，消除企业的存货。而事实恰恰相反——生产存在的目的是为了销售。企业可以将其生产外包，而造就一个企业的则是营销的创意和产品。生产、采购、研发、融资以及其他所有职能都是为了支持企业在营销上的工作。

——科特勒《科特勒说》

科特勒对很多企业将营销视为"支持生产、消除存货"工具的看法很不认同，他把这个关系倒了过来，即生产并非企业的核心环节，真正造就一个企业的是营销的创意和产品。企业的一切活动都应该为营销服务，都应该支持营销上的工作。企业赢得顾客，创造利润，都必须通过营销来实现。就像一位管理大师曾说的那样："20世纪50年代以后，欧洲经济以惊人的速度和规模得到恢复，日本在世界市场上所取得的经济成就以及因此而形成的日本经济奇迹，根本原因得益于市场营销，得益于欧洲和日本企业把市场营销当作企业的一项核心职能。"

在一些企业里，营销似乎还没有引起管理层足够的重视，它常常被忽略，甚至处在边缘地带，处在角落里，对它的预算一般来讲都是花在广告、促销上的，而没有真正地提升到战略的高度。

科特勒曾说："营销是你想要完全精准地满足顾客需求时，一定要做的功课。而当你良好地完成了这项工作，就不太需要销售了。"他还告诉我们："营销大有学问，好消息是——只要一天就可以理解；坏消息是——要一辈子才能专精。"

在这个动荡不安、竞争激烈而又生产过剩的全球化大环境下，正确的营销知识不会有很大的帮助，我们真正需要的是正确的营销行动。换句话说，就是企业是否把市场营销作为一项核心职能对待，能否把市场营销这一企业核心思想真正地落实。在这方面，耐克的经验很值得借鉴。

关于耐克公司，最有意思的一句形容语就是——"耐克公司从来不生产一双耐克鞋"。有人曾说，在美国俄勒冈州比弗顿市四层楼高的耐克总部里，看不见一双鞋。因为总部的员工们在忙着做两件事：一是建立全球营销网络，二是管理它遍布全球的公司。正是这种独特的经营思路，让耐克用了不到50年的时间，打败了体育用品界的另一大佬阿迪达斯，创造了惊人的销售神话。

众所周知，制造业是一个低利润的行业。耐克的领导者们当然深知这一点。他们明白，生产一双耐克鞋可能只能获得几美分的收益，但凭借其在全球的营销活动，耐克总公司却能从一双鞋上获得几十甚至上百美元的利润。于是，他们果断脱离传统的生产模式，不再投资建工厂、招募工人、组织庞大而复杂的生产部门，而是采用了将生产这一环节外包出去，实行"虚拟化生产"，也就是耐克公司将设计图纸交给生产厂家，让它们严格按图纸式样进行生产，之后由耐克贴牌，并通过公司的行销网络将产品销售出去。外包的对象则从一开始的日本、西欧渐渐转移到韩国、中国台湾地区，进而转移到中国大陆、印尼等地。这些都是世界上劳动力相对低廉的地区。因此同样是生产鞋子，耐克付出的成本却比同类企业低得多。

业务外包的模式彻底将耐克从低端的生产线中解放出来，有了更多的财力、物力、精力投入到营销与设计之中。这大大精简了企业烦冗的机构部门，减少了成本，也让耐克在产品设计上一直走在潮流的前端。而且，当耐克将生产外包给其他国家的时候，也促进了当地的经济发展，增加了当地的就业，因此不仅可以轻松地完成生产计划，还得到许多优惠政策。这种情况比起美国国内多种严格的限制和激烈的竞争环境要好很多。在国外进行生产外包，也让耐克在销售方面起到了推波助澜的作用。特别是在发展中国家，消费潜力巨大，加上政府的优惠政策，使耐克很容易就打入当地市场并形成品牌效应。与此同时，在当地进行生产和销售也让耐克节省了大量的政府进口税。这种经营模式令耐克品牌的影响力很快蔓延至全球，成为运动品牌中的权威。

宏碁集团创始人施振荣先生曾提出过"微笑曲线"的理论，说的是，在PC产业链乃至整个创造业，上游的研究开发与下游的营销服务环节附加值较高，而中间的生产则属于劳动密集型工序,随着标准化作业和竞争的加剧,中间环节的利润空间最小。这样的两头高、中间低就形成了一个U形曲线,看起来就像微笑的嘴唇,故称"微笑曲线"。耐克的成功就是因为牢牢把握住了"微笑曲线"的两个价值制高点:上游的研发设计与下游的营销服务。

　　试想一下,如果当初耐克按照传统的思维,牢牢抓住中间的生产环节,而将产品设计或市场营销进行外包的话,那么,今天的耐克或许就只是一个生产鞋子和其他体育用品的大型加工厂了。

　　耐克公司的案例充分说明了科特勒所说的一句话——"企业可以将其生产外包,而造就一个企业的则是营销的创意和产品。"对企业而言,营销不能被忽视,不能被置于边缘地带或角落里,营销不能单纯地等同于广告、促销或销售,它应该被提升到战略的高度。营销不光是一个功能,而应该被看作是整个公司的引擎,是它驱动着所有业务的增长。忽视营销作用的公司必然走不长远,不能从战略角度来看待营销的企业必将不能做强。

第二章
大败局：将企业拖入困境的致命营销过失

营销的大敌是"赚了就跑"的短线思维

什么是最糟糕的营销？营销本质上是一种理念，它对于理解、服务和满足客户需要的重要性坚定不移。营销的大敌是"赚了就跑"的销售思维，其目标就是不惜一切代价把产品卖出去，而不是创建长期的客户。诱饵调包的手法、夸张性广告、欺骗性定价等做法都歪曲了大众和企业对于营销的理解。

——科特勒《科特勒说》

科特勒始终认为，营销是创造顾客价值的艺术，企业要想真正做好营销，就要真正认识到理解、服务和满足客户需要的重要性，并坚定不移地去贯彻它。如果企业一门心思求利润，不计手段将产品推销出去，赚了就跑，这样不负责任的做法只会给企业带来一时半会儿的甜头，根本不可能有长远的发展。

我们耳熟能详的一种说法是："企业是以营利为目的的经济组织。"追求利润确实是企业的一种本能，甚至是义务，但是，企业应以合理的方式去营利，而不能以牺牲客户利益为代价。客户是企业的生存之本，而"赚了就跑"的企业是不可能长久赢得客户的，没有了客户，就等于动摇了自己企业的根本。

2011年7月，央视《每周质量报告》播出了一期《达芬奇天价家具"洋品牌"身份被指造假》的节目，爆出了达芬奇家居在家具质量和产地上均存在欺诈消费者行为。

达芬奇家居可以说是国内最具影响力的家具高端品牌，以价格昂贵著称。一张单人床能卖到10多万元，一套沙发能卖到30多万。之所以能将这些家具卖到如此高的天价，是因为达芬奇宣称说其销售的家具是100%意大利生产的"国际超级品牌"，而且使用的原料是没有污染的"天然的高品质原料"。

然而，记者经过深入调查发现，达芬奇公司售卖的所谓意大利卡布丽缇家具，其实是从东莞长丰家具公司秘密订购，生产的家具由深圳港口出港，再从上海港进港回到国内，通过"一日游"的方式，就成了手续齐全的意大利"进口家具"。天价家具并不像其宣称的那样是100%意大利生产，所用的原料也不是名贵实木"白杨荆棘根"，而是高分子树脂材料、大芯板和密度板。

上海市工商局曾介入调查并发布公告称，初步发现并认定达芬奇家居公司主要有三大问题：一是涉嫌虚假宣传，达芬奇公司在宣传时使用了诸如"最大、顶级品牌、最高"等绝对用语。二是部分家具产品被判定不合格，例如，售价92800元的卡布丽缇床头柜，号称是实木，实际上是密度板贴三聚氰胺，背后是多层面板。三是大部分家具产品标志不规范，没有标明产地和材质，按照国家相关规定，应该标明具体使用什么材质。

对此，上海市工商局向达芬奇家居发出行政处罚决定书，没收该公司经销的部分不合格家具产品，并开出了133.42万元的罚单。

国内生产的产品"出国一日游"，回来便以天价卖给消费者，这样的做法不仅欺骗了消费者的感情，也极大地损害了企业自身的信誉与品牌。以后企业要想重建在消费者心目中的形象，可以说比登天还难。

短线思维的营销，只会制造"短命"的企业。真正想要做大做强的企业，它不会满足于"赚了就跑"，竭泽而渔；它会沉静下来，用心地经营客户，用心地创造客户价值，着眼于长远的利润和回报。

营销是4P，绝不能被缩减成1P

小心4P剩下1P。道戈·霍尔的一项调查显示，有75%的新产品、服务以及业务会失败。无论市场调查观念更新、产品试验、业务分析、产品开发和试验以及市场调研、开办商业实体等工作的进展如何，这些失败仍然会发生。这是为什么呢？部分原因就在于，当一种新的产品或服务出现时，大部分的营销工作被缩减成一个P——促销，而不是一套4P的工作。

——《营销力——科特勒观点》

科特勒所提及的"4P"指的是传统的4P理论，分别是产品、价格、渠道和促销：

产品（Product），从市场营销的角度来看，产品是指能够提供给市场被人们使用和消费并满足人们某种需要的任何东西，包括产品、服务、人员、组织、观念或它们的组合。

价格（Price），是指顾客购买产品时的价格，包括折扣、支付期限等。价格或价格决策，关系到企业的利润、成本补偿以及是否有利于产品销售、促销等问题。

渠道（Place），所谓销售渠道是指在商品从生产企业流转到消费者手上的全过程中所经历的各个环节和推动力量之和。

促销（Promotion），是指公司或机构用以向目标市场展示自己的产品、服务、形象和理念，说服和提醒他们对公司产品和机构本身信任、支持和注意的任何沟通形式。

4P理论是营销策略的基础，对企业来说，产品、价格、渠道、促销这四者，哪一个环节都不能疏忽。然而事实却是，很多企业常把4P缩减成1P，也就是过于依赖促销，为了赢得市场、保住市场，以逼近成本价的方式去促销，譬如，大打价格战，或者疯狂地打折、赠送，等等。

从事营销工作的人大都熟悉这样一句话——"没有业绩一切免谈"，正是这样的一种过度营销的思维，使得很多企业渐渐地将4P砍成了1P，为了追逐业绩，在促销上不惜投入。事实上，企业的业绩从周期上可分为长期业绩、中期业绩和短期业绩；从表现形式上也可分为显性的定量业绩，如年度销售量、客户开发量、利润达成量等；还有隐性的定性业绩，如客户满意度、员工满意度、品牌知名度等。由此可见，业绩是企业的一个综合平衡发展系统，不能将其定义为单纯意义上的短期销售业绩，否则必然会以偏赅全、助长过度促销之风。有的企业只盯着短期的利益，为了获利，不惜用上各种各样的促销方式，甚至挑起恶性竞争，这样的做法只会使得竞争环境恶化、消费潜力枯竭、可持续发展的空间收窄，最终削弱企业的长期发展动力。

当4P变成了1P，企业在短期内的确可能获益良多，但这种过度营销会使得消费群体流行着超前消费、畸形消费等不良消费风气，强化消费者的不良心理预期，从长远来看，无论是对企业自身，还是对整个行业、整个市场，都是极其不利的。

促销是产品成功走向市场的关键性一环，但绝对不是唯一的一环，过度依赖促销只会缩短产品的生命周期。根据木桶理论，各方面因素相互匹配才是关键。如果研发力跟不上营销力，工艺落后导致产品质量不稳，无法满足客户需求，那么无论促销如何卖力，产品在市场上的表现也必然受到制约；如果价格方案不合理，定价过高或过低，也会影响产品的销量；还有渠道，如果没有一个上通下达的渠道，无法保障顾客能方便、快捷、满意地获取产品，那也会造成客户不满和客户流失。

科特勒强调，75%的新产品、服务以及业务之所以会失败，很大一部分原因就在于，大部分的营销工作被缩减成1P——促销，而不是一套4P的工作。一个新产品的成功，不能仅仅依赖于促销，而应该做好4P的每一个细节。

营销不是单兵作战，而是全员战役

市场营销不仅仅是市场营销部门的事，它会影响到顾客体验的方方面面。这就意味着市场营销无处不在——从商店布局、包装设计、产品功能、员工培训、运输物流等所有可能与顾客接触的地方，都与市场营销息息相关；同时，也包括诸如管理创新和业务拓展等各种管理活动。市场营销是如此重要，以至于绝不可能使营销变成只是市场营销部门的事情。

——科特勒《营销管理》

科特勒认为，市场营销职能处于企业职能的核心支配地位。因为企业的主要任务就是创造和保持顾客，而这正是市场营销职能的重任，但同时顾客实际得到的满足程度也受到其他职能部门工作的影响。因此，市场营销职能必须影响或控制其他职能部门，向这些职能部门贯彻以顾客为中心的市场营销思想，才能使顾客得到期望的满足。无论是生产管理、研发管理还是财务管理、人力资源管理，都应服从于市场营销管理，成为市场营销的支持性职能，使之密切配合企业总体战略的发展。

市场营销不是营销这一个部门的事情，而是需要企业所有部门、所有人员共同配合来完成。在这一点上，杰克·韦尔奇在通用电气所推行的"群策群力"和"无边界"的管理模式就是绝佳的典范。

韦尔奇经常把公司比喻成一幢楼房。楼层好比组织的层级，房屋的墙壁则如同公司各职能部门之间的障碍。公司为了获得最佳的经营效果，就必须将这些楼层和墙壁拆除，以便创造各种想法都可自由流动的开放空间。

韦尔奇"群策群力"和"无边界"的管理思想源于克罗顿维尔管理学院的成功实践。每年公司在克罗顿维尔开设三期最高级的管理课程，从1984年开始，每一次课程开班韦尔奇都要去与学员们见面。大家在这里感到说话很自由，这种公开而广泛的直接交流让韦尔奇受益匪浅。韦尔奇从不发表演讲，他希望每一个人都能给他以反馈和挑战。

在克罗顿维尔的收获使韦尔奇决心在GE(美国通用电器公司)推行"群策群力"计划，他要让所有的子公司都创造出这种自由沟通的氛围。他不能让公司的领导组织这些交流会，因为他们认识自己的这些员工，人们很难敞开心扉自由交谈。韦尔奇想出的办法是聘请外面受过训练的专业人员来提供帮助。这些人员多数是大学教授，他们听员工们的谈话不会别有所图，员工们与这些人交谈也会感到放心。

在"群策群力"座谈会上，有大约40~100名员工被邀请参加，他们可以自由地谈论对公司的看法，意见整理汇总之后，经理进入会场，他们必须对至少75%的问题给予"是"或"不是"的明确回答。如果有的问题不能当场回答，那么对该问题的处理也要在约定好的时限内完成。由于员工们能够看到自己的想法迅速地得以实施，他们会更为积极地建言献策。

韦尔奇进一步提出"无边界"的理念，他认为，无边界公司应该将各个职能部门之间的障碍全部消除，营销、工程、生产以及其他部门之间能够自由流通、完全透明。无边界公司还将把外部的围墙推倒，让供应商和用户成为一个单一过程的组成部分。此外，它还要推倒那些不易看见的种族和性别藩篱。

无边界公司将不再仅仅奖励千里马，它还要奖励那些甄别、发现、发展和完善了好主意的伯乐。其结果是鼓励公司的各级领导与他们的团队一起分享荣誉，而不是独占，这将大大改善人与人之间的关系。无边界公司还将向其他公司的好经验、好主意敞开大门，例如从日本学习弹性生产，"每天发现一个更好的办法"

这个口号出现在世界各地的 GE 工厂和办公室的墙上。

在随后的几年中，GE 的主营业务增长速度翻了一番，尽管业务种类没有增加，但都注入了新的活力。公司的营业收入从 1995 年的 700 亿美元增长到了 2000 年的 1300 亿美元，营业利润率从 1992 年的 11.5% 增长到了 2000 年创纪录的 18.9%。而"群策群力"和"无边界"的新思维方式无疑发挥了极其重要的作用。

韦尔奇的"群策群力"和"无边界"理念，打破了层级与部门的观念，扫除了隔阂与藩篱，不再各自为政，让所有人都能全心投入到那些对企业而言最具建设性的事务中去。

曾任沃尔玛公司首席营销官的卡特·卡斯特说过："最让我感到惊讶的就是，在我成为首席营销官后我跟除了营销部门之外的其他部门之间的互动与合作越来越多了。在一开始，我并没有意识到这种关联，后来才知道我必须去了解产品供应、盈亏平衡点和会计等管理活动。"

营销是企业与顾客之间的一道桥梁，它为顾客创造价值并使企业赢利。通常来说，企业都会构建一个专门的营销部门，并由该部分负责创造与交付顾客价值，但正如惠普公司创始人之一的大卫·帕卡德所发现的：市场营销是如此的重要，以至于绝不可能使营销变成只是市场营销这个部门的事情。现在，企业都知道每个员工都会对顾客产生影响，并把顾客视为企业繁荣发展的根基所在。因此，它们开始在关键流程中重视跨部门的团队合作，同时，它们也很重视对新产品创造、顾客获取与挽留以及履行订单等核心业务流程的管理。

当你忽视竞争者的时候，他会悄悄闯入你后院

公司需要更好地界定并监视它的竞争对手。从未考虑过竞争的企业会蓦然发现这些对手已经来到自家后院了。公司不能只关

注邻近的竞争对手而忽略远处的竞争对手和破坏性的技术，也不能没有收集和分发竞争情报的系统。公司必须建立竞争情报办公室，关注竞争对手的员工，留心可能影响公司的技术，准备好竞争对手所准备的资源。

——科特勒《营销管理》

科特勒特别强调的一点是，企业不仅要关注眼前直接威胁到自己的竞争对手，更要留意到那些潜在的、远处的竞争对手，还有那些破坏性的技术，它们与眼前的竞争对手相比，更具有隐蔽性，也更具有杀伤力。企业如果忽视了这些潜在的对手和破坏性的技术，那么，有朝一日，它们会悄无声息地出现在后院里，给企业以致命的打击。

施乐与佳能在复印机行业的鏖战就是一个值得深思的案例。

施乐公司曾经是美国企业界的骄傲。在复印机随处可见的今天，人们不容易理解施乐向市场推出复印机时所引起的轰动。但在20世纪50年代，用得最多的是一种叫蓝图的复印技术，用它复印出来的东西味道极重，而且湿乎乎的，就像洗相片一样。在这个时候，施乐发明了静电复印机——迅速、洁净而清晰，可以直接使用普通纸。这几乎就是复印机行业的一大革命。施乐当时推出的最著名的复印机，因为使用的纸张尺寸为9×14英寸，所以命名为914复印机。914复印机简直就是施乐公司会生金蛋的鸡，为公司赢来了滚滚财富。靠它，施乐公司1968年的收入突破了10亿美元。20世纪60年代，这么多钱对于一家公司来说，简直就是花不完的。施乐的成功使得当时的人们一想起复印机一定想起施乐这一品牌。施乐成了复印机行业的老大和代名词。

为了保护自己，为了让专利壁垒尽可能无法逾越，施乐先后为其研发的复印机申请了500多项专利，几乎囊括了复印机的全部部件和所有关键技术环节。当这个庞大的技术壁垒完成以后，施乐认为可以高枕无忧了。可惜,以后的事实表明,这个壁垒并不能阻止后来者。美国这类产品的专利有效期为十年,在这段时间里,佳能开始了对施乐的深入研究,它试图从施乐产品那些不能满足人们需要的地方入手,需要没有得到满足,就意味着机会。佳能遍访施乐的用户,了解他们对现有产品不满意的地方,同时走访没有买过施乐复印机的企业,寻找没有买的原因。最后发现这样几点:

第一,施乐复印机是大型的,当时叫集中复印,一个有钱的大企业也最多能买得起一台,因为施乐产品要几十万、上百万元一台,速度和性能非常好,但价格太高,不是每个企业或企业的部门都能消费得起的。

第二,施乐的复印机非常庞大,一个公司假如说是十层楼,一台复印机放在任何一个地方,所有人哪怕复印一张纸也要跑到那里去,不方便。

第三,如果某人要复印一些保密的东西,他不愿意把文件交给专门管复印的人,因为复印机的保密性不好。

针对这几点,佳能提出了解决方案:

第一,设计一个小型复印机,把造价降低到十分之一、十二分之一。

第二,将复印机做成像傻瓜相机一样,简单易用,轻巧便携,不用专人使用。

第三,力求简单、便宜,让每个办公室都可以拥有一台,老板房间可以自己用一台,解决保密问题。

这三个问题都解决了,是不是就可以打倒施乐了?不是!施乐是当时复印机行业的巨无霸,即使佳能能将这种复印机生产出来,施乐只要一反击,佳能很可能就会吃不消,毕竟那时候施乐誉满天下,而佳能还只是一个不太知名的小品牌。

那么怎么办呢?佳能想到了协同竞争,它找其他的日本厂商,如东芝、美能达、理光等。佳能把自己造出来的产品拿给这些企业看,提出联合生产这种复印机。佳能设计了一个其他人难以拒绝的合作方案。如果其他企业从佳能这里购买生产许可，相比于他们自己从头研究开发，投产时间要快一年多，而开发费用只需十分之一。

经过佳能的努力，十来家日本企业结成了一个联盟。这些企业都从佳能那里购买生产许可证，同时针对施乐的"集中复印"，推广"分散复印"概念，大举向小型化复印机市场发动集体进攻。于是，施乐的对手从佳能一家一下子变成十几家。这样一来，施乐可就不那么容易夺回失地了。

这种企业联盟还创造出佳能复印机行业领导者的地位。施乐过去的用户都是一些大企业，许多普通人、非专业人员由于没有接触过复印机，从来没有听说过施乐，看到佳能率先推出小型复印机以后，便把佳能认成了复印机行业的老大。

在佳能领导的企业联盟的全力攻击之下，施乐遭遇了全方位的挑战和严重的挫折。从1976年到1981年，施乐在复印机市场的市场份额从82%直线下降到35%。在其后的市场份额争夺当中，施乐也曾经成功地从佳能手中夺取过部分的市场份额，但已经不可挽回地从一个市场垄断者、领导者变成了一个追赶者，而且，这种追赶还很吃力。

施乐公司当初并非没有想到过"分散复印""简单复印"，但是，当时施乐从大型复印机中获利丰厚，又有貌似铜墙铁壁的专利壁垒保护，没有将小型复印机太当回事，因此，才给佳能留下了一个切入口，也丢了行业老大的地位。

俗话说："只见树木，不见森林。"施乐一心防守着大型复印机这一块市场，却没料到，佳能会从小型复印机这里突破，并且，后来居上，击败施乐。这一案例正验证了科特勒的观点——不仅要关注那些直接威胁自己的竞争者，更要提防潜在的威胁者和破坏性的技术。

第三章
大趋势：未来营销唯一不变的就是变化

真正的顾客为王：从参与、互动直至主导

> 当今的市场，已经不再是昔日的市场了。顾客已经取代生产商、分销商，成为强势、主导的一方。顾客为王。
> ——科特勒2011年《IT经理世界》采访

科特勒曾经提出，新经济的时代是逆向经济的时代。在过去，顾客处在相对弱势的一方，很多时候都是企业在引导甚至是支配着顾客，而现在反转了，顾客由被动地接受，转变为参与、互动直至主导。有一位营销专家甚至说："现在的企业，从某种意义上说，已经成了代理商——向顾客出租自己的制造设备、物流设施以及其他资源，让顾客去发现、选择、设计，进而使用它们所需要的产品。"的确如科特勒所说的一样，顾客已经取代生产商、分销商，成为强势、主导的一方，这是真正的顾客为王。

企业生存的全部意义，就是在产品、品牌与消费者之间建立起有效连接，随着产品同质化的进一步加剧，产品和产品之间、品牌和品牌之间的差异越来越小，如何让品牌吸引消费者，促成消费者购买呢？让客户充分参与，与客户保持互动，甚至让客户来做主导者，这是一种拉近并深化企业与客户之间关系

的好方式。营销人员必须意识到这样一点：一切应以客户为主，未来的世界是客户主导的时代。

有一家房地产开发商准备开发高档别墅，在前期设计时他们就邀请目标客户参与，按照客户的要求来建造别墅。通过与客户的互动，企业不仅满足了消费者个性化的要求，更重要的是企业有了销售量的保证。再如，一家装潢公司开发了一套三维数字化装潢软件，设计师可以根据顾客的需求，在电脑上设计出直观的三维室内装潢效果图。在整个设计过程中设计师随时和客户保持互动，利用软件方便地修改装潢图，最终，不仅装潢的色彩、结构、布局等令客户满意，而且还能让客户选择不同价格的材料；把它们写入施工面积，就能精确地显示出各部位的装潢费用以及总的装潢费用。这样的做法，在提升客户参与度的同时，也为企业带来了巨大的利益。

让客户参与、互动，甚至是主导，是对传统营销中企业对消费者的单向推动的大改变。随着居民收入的提高、消费意识的成熟以及消费理念的转化，差异消费、个性消费成为时尚，未来营销模式将是一个个性化的客户关系的竞争模式。从以企业自我为中心转向以客户为中心，这不仅有利于客户，更有利于企业。

第一，这种转变非常符合马斯洛的需要层次理论。如果客户能够充分参与到企业的生产经营这个过程中来，他们得到的就不仅仅是产品，而是一种被尊重、被重视以及自我实现的成就感。"DIY"的模式为什么会受到消费者的欢迎，就是因为在"DIY"的过程中，消费者的内心得到了最大程度的满足，这样的产品，不再是企业推销给他们的，而是融合了他们自身心力付出的珍品。他们当然更愿意消费这样的产品。

第二，让客户参与、互动、主导，这跟头脑风暴法、德尔斐法等有异曲同工之妙，企业可以跳出自身的局限，从客户那里获得意见建议与创新的启发。这种"换位思考"会带来全新的观察问题的视角。

第三，以客户为中心，对企业来说，还能带来一个实质性的收获，那就是能帮助企业对顾客需求的未来趋势更早感知，更早察觉，更及时地预测和把握，在制定并实施具体的营销计划时就能做到未雨绸缪，决胜未来了。

客户的参与、互动和主导，不仅缩短了企业与消费者之间的实际距离，并通过消费者积极参与生产的全过程，使企业既可获得大批量生产的规模经济，又能使其产品适应单个消费者的独特需求，既满足了大众化的需求，又满足了个性化的需求，从而实现最大限度地提高消费者满意度这一目的。

全面营销：广泛、整合的视角不可或缺

今天的企业正面临前所未有的激烈竞争，而企业如果能从产品理念和销售理念走出而转向全面营销理念，就能有效地应对竞争。全面营销者认为，在营销实践中每个细节都是特别重要的，采纳广泛的、整合的视角不可或缺。

——科特勒《营销管理》

科特勒所提倡的全面营销观念是由关系营销、整合营销、内部营销和社会责任营销四部分组成的。关系营销强调了外部合作伙伴的重要性，整合营销强调了对系列营销工具的合理组合与运用，内部营销明晰了内部成员的工作思路，社会责任营销则突出了平衡短期利益与长期利益的必要性。

有专家曾说，20世纪80年代的市场是"高生产、快贸易"；90年代商品经济是"跟市场、做推销"；跨入21世纪那几年的市场奉行"打品牌、建销路"；而现在及未来一段时间的市场，

则是企业全营销的时代。

"全面营销"观念提倡营销者在通过有效的营销实践活动保证企业内外部"直接利益相关人"（股东、员工、供应商和分销渠道成员等）综合需求满足的同时，还要去践行能够保证"间接利益相关人"综合需求（如社会公众对保护自然资源与环境的需求、顾客需求即时满足与长期健康之间的平衡和社会对弱势群体的关怀等）的组织公民行为。总之，"全面营销"观念是一种要求组织，尤其是商业企业在商业利润、消费者需求与福利、社会经济与人类社会福利等诸方面达到和谐平衡，进而实现可持续发展的营销观念。"全面营销"观念可以被广泛应用到不同行业的营销领域，成为指导企业日常营销行为的有效原则。我们可以先来看一个全面营销的案例。

北京心力源源电子有限公司，其前身北京富达中天电子有限公司，是国内知名的电子通讯产品商，在中国市场销售的正品摩托罗拉汽车电话的90%都是由富达中天代理销售的。因此，富达中天是摩托罗拉在中国最亲密的战略合作伙伴之一。早在2000年，富达中天就获得了摩托罗拉的授权，成为中国内地唯一全权代理其汽车电子及汽车通讯产品的经销商。在推广摩托罗拉汽车电话的时候，心力源源公司打了一场漂亮的全面营销的仗。

这次活动，由2002年初发起，心力源源公司宣布，活动期间，任何拥有汽车的消费者个人或者单位客户，可以完全免费得到一部摩托罗拉汽车电话，并可以与心力源源公司签订正式赠送协议，从而得到法律保护。受赠人所履行的义务很简单：只需要将按照正常要求的汽车保险费交纳，或者转移，或者延伸到心力源源公司的合作保险公司那里即可。年"赠送"的总量达到了1.4亿元人民币。

这个模式创造了一种全新的市场模式：无竞争市场。以完全免费的方式赠送给消费者高价值的名牌产品。而一般的制造商或者代理商是不大可能有实力并能够如此深刻把握转型期中国消费者心理，来大胆执行这个免费模式的。

当然，这种免费也并非无偿，否则这个快乐的循环链的发起者心力源源公司之举无异于竭泽而渔。其实，心力源源在实施方案之前已和中国平安保险公司签署了协议，作为平安的保险代理，从车主交纳的车保费中获得8％的正常与合理的返利。消费者的车保也只是按照正常的标准交纳，并无涨价。心力源源要求消费者稳定投保的期限也并不长，仅仅两年。两年之后，按照赠送协议，消费者可以完全拥有这台电话的产权。

2002年，舒尔茨教授到访中国时，听说了这个案例，他称赞说："在心力源源这个案例中，消费者得到了满足，而且没有付出额外代价；保险商得到了稳定和高价值的客户；代理商得到了合理的佣金；心力源源获得了市场、品牌和资金回报。这样就形成了一个良性的闭环财务系统，没有任何资源的浪费。"

心力源源通过与直接消费者、保险公司、代理商等利害关系者的沟通，组成一个"快乐的商业链"，由于这个商业链本身就是一个良性的物流和财务的回环，所以才能顺利地完成产品的销售任务。这是一个良性的全面营销的过程。

"全面营销"观念的提出与不断完善，向我们揭示出市场营销——"建立和管理可赢利的顾客关系"，本身是一个处于不断变化的动态管理过程。在未来，只有那些融"关注顾客需求、获取合理利润、平衡社会福利"为一体的营销设计，才能让企业在市场竞争中赢得更响亮的掌声。

差异化：成为与众不同的"紫牛"

差异性市场营销针对不同细分市场，设计不同服务产品，制定不同的营销策略，满足不同的消费需求。越来越多的公司已开始采用差异性市场营销战略,差异性市场营销往往能带来比无差异性市场营销更大的总销售额。

——科特勒《市场营销教程》

雅虎前营销副总裁赛思·高丁曾提出——今天的营销竞争如同一群带着花斑的牛在前行,你分辨不出任何差异,这时一头紫色牛的出现,才会吸引你所有的关注。差异化就是让企业成为那一头引人侧目的"紫牛"。

科特勒大力倡导的STP营销,也就是市场细分（Segmentation）、目标市场（Targeting）、定位（Positioning）,其中很关键的一个要点就是差异化,企业通过市场细分选定目标市场,然后进行差异化的定位,让自己从激烈的市场竞争中脱颖而出。

差异化市场营销战略与无差异化市场营销战略,二者各有利弊。

无差异市场营销是指企业在市场细分之后,不考虑各子市场的特性,而只注重子市场的共性,决定只推出单一产品,运用单一的市场营销组合,力求在一定程度上满足尽可能多的顾客的需求。其优点在于：第一,它比较有效地适用于广泛需求的品种、规格,款式简单并能够标准化大量生产、大量分销的产品。它可凭借广泛的分销渠道和大规模的广告宣传,往往能够在消费者或用户心目中建立起"超级产品"高大而不可摧的形象。第二,它可大大降低成本费用。这是无差异营销战略的最大优点。首先,标准化和大批量生产可降低生产成本、储存成本、运输成本。其次,无差异市场营销的广告等促销活动可缩减促销费用。最后,它不必对各子市场进行市场营销研究和计划工作,又可以降低市场营销研究和产品管理成本。第三,它简单易行,便于管理。单一的市场营销组合便于企业统一计划、组织、实施和监督等管理活动,减少管理的复杂性,易于操作。

然而，无差异市场营销战略的弊端也是明显的。首先，消费者需求客观上千差万别并不断变化，一种产品长期为所有消费者和用户所接受非常罕见。其次，当众多企业如法炮制，都采用这一策略时，会造成市场竞争异常激烈，同时在一些小的细分市场上消费者的需求得不到满足，这对企业和消费者都是不利的。最后，当其他企业针对不同细分市场提供更有特色的产品和服务时，采用无差异策略的企业可能会发现自己的市场正在遭到蚕食但又无法有效地予以反击。正由于这些原因，世界上一些曾经长期实行无差异营销策略的大企业最后也被迫改弦更张，转而实行差异性营销策略。例如，曾被视为实行无差异营销典范的可口可乐公司，面对百事可乐、七喜等企业的强劲攻势，也不得不改变原来的策略，一方面向非可乐饮料市场进军，另一方面针对顾客的不同需要推出多种类型的新可乐。

相比之下，差异性市场营销战略的优点在于：

第一，它可以通过不同的市场营销组合服务于不同子市场，更好地满足不同顾客群的需要。

第二，企业的产品种类如果同时在几个子市场都具有优势，就会大大增强消费者对企业的信任感，进而提高重复购买率，从而争取到更多的品牌铁杆忠诚消费者。

第三，它对企业市场经营风险的分散具有重要意义。

第四，它可通过多样化的渠道和多样化的产品线进行销售，通常会有利于扩大企业的销售总额。

差异化市场营销需要对不同的细分市场采取不同的营销策略，针对不同的细分市场做不同的广告促销，这就导致了营销成本的额外增加，这也是差异化营销战略的一大不足。

唯有让产品成为本行业中的"紫牛"，让产品与众不同、出类拔萃，才有可能在不消耗大成本的广告运作下使企业扩大市场规模。正如紫牛在一群普通的黑白花奶牛中脱颖而出一样，真正的营销应该是让人眼睛会为之一亮的、可以把人们的注意力恰到好处地引向我们的产品和服务的一门艺术。

精准营销：广泛的精准和精准的广泛

精准也就意味着会获得更高的效率，即用更低的成本去做更多具体的事情。在现代追求高效率以及存在诸多需求的市场中，精准营销无疑会让企业获得巨大优势。

——科特勒 2011 年 GMC 总裁论坛巡回演讲

科特勒认为，市场细分最终的层次将会"细分到个人"，甚至是"定制营销""一对一营销"。当今的顾客在决定购买什么和如何购买时，已经具有了很大的主动性。他们登录互联网，浏览有关产品与服务的信息和评价，与供应商、用户和产品的批评者进行交谈。在很多情况下，他们还可以设计自己想要的产品。面对这样的顾客，千篇一律的产品已经很难对他们构成冲击力和吸引力。企业必须开展精准化的营销。

传统的营销模式有些类似于战争中的狂轰滥炸，而精准营销就如同现代战争中利用先进的定位系统来有效击中目标的做法。当产品日趋同质化、价格战使得利润空间日渐趋薄的时候，企业为了在竞争中体现出差异性，纷纷高举服务牌、文化牌和品牌等。面对这种情形，谁能够把握客户的需求，分析趋势、把握潮流，将个性化服务视为营销的重要组成部分，谁就能够将营销工作做深、做细、做透，能够牢牢占据更多的市场份额。

精准营销，简而言之，就是如何增加营销效益。一方面，营销开始更加重视技术，比如营销的数据化、自动化，另一方面，营销的过程不仅仅只是涉及创新，还必须考虑到财务因素，进行投资回报的计算。我们不可否认，精准营销的优势符合现代市场经济发展的需要，而且其必将成为未来的营销发展趋势

"有的放矢"的战略更能帮助企业赢得"竞赛"。

华院分析技术（上海）有限公司的技术总监何直曾经对淘宝网上的一些高端皇冠店铺做了一次深入的调查，调查发现，很多淘宝大卖家现在面临发展瓶颈，其中一个最大的问题是他们已经面临精确营销的挑战。

何直说，淘宝网商经过数年的快速发展，已经涌现出数万家年销售额超百万、千万的皇冠卖家。这些大卖家在发展过程中，虽然也探索和创新了许多营销手段，但总体来说还是传统的营销方式。

第一种是以低价为卖点，争夺的是传统渠道的客户资源，但现在，这种方式的竞争力已经明显弱了很多，淘宝网上有些商品已经便宜得离谱，出现了"没有最便宜只有更便宜"的奇怪现象。拼低价的营销模式难以维系持续发展。

第二种则是拼广告，在产品种类饱满、竞争激烈的淘宝网上，要想获取新客户的注意，打广告成了很多商家不得不选的方法。淘宝网上选择做直通车的网店越来越多，这种继续拼投入的方式很多卖家已无法承受。

这些问题困扰着淘宝网商。而对此，何直开出的药方是：以最快的速度熟悉网络上的精确营销。从以产品为中心，转向以客户为中心；从抢新客源为重，转向新老并重，关注回头客生意；从粗放营销转向精确营销；从凭感觉营销转向可精确度量的营销。

譬如，淘宝网上一家三皇冠的店铺，是何直重点调查的一家，该店店主说，她从何直的调查数据中学到了很多，有些数据让她很诧异，比如客户的购物周期，"我以前根本不知道我的客户购物周期是多少时间，现在我很清楚地知道是平均120天。这个时间比我想象的要长。我还知道了自己店铺里有多少客户是睡眠客户，怎么去激活他们。""比如，和蛋白粉关联最紧密的东西是钙、B族维生素和维生素C，我现在就学会了把这几个产品打包卖，或者在产品描述上面的相关推荐中有针对性地放上上述产品，缩短客户的购物路径，这样才是真正的关联推荐。以前的方法是在所有产品上面都生硬地放上几个广告商品，那样客户的体验是非常不好的。""比如发促销信息，现在我促销什么产品，就发什么人群，没有目的的群发很浪费。"该店主已经学会了用数据工具方便地归类人群，"以后我会慢慢转型成为某类人群服务，这是未来商业零售的趋势。以前都是我有某种商品，然后找客户。现在我想转型成先锁定一群人，然后分析他们的需求，再帮他们找东西，倒过来做，因为现在物质很丰富，组织产品的难度并不是太大。"这位店主的第一个营销策划，是想帮助减肥的人找健康食品，她认为这就是为人群服务。

何直在总结这次调查时，说了这样一番话："如果说拼价格、拼广告是针锋相对的搏杀，精确营销开启的则是没有硝烟的战争。后知后觉者将在悄无声息中被蚕食，而先行者将确立在此战场上的竞争优势！"

何直的这番话值得每一位从事营销工作的人深思。精准营销，它寻求的是一种广泛的精准和精准的广泛。广泛的精准是指，面对广泛的消费群体，企业不可能做全网的营销，只能针对自己的目标群体，选择自己的精准客户进行营销和推广。而精准的广泛如何理解呢？当企业走上了精准营销的道路，如果只能找到一个人，而不是一万人、100万人甚至更多的人，那么这样的精准是没有任何价值的。所以说，在确定精准路线后，企业要找到足够量的符合要求的客户人群，实现精准情况下的广泛。

第二篇

营销环境：从市场中来，到市场中去

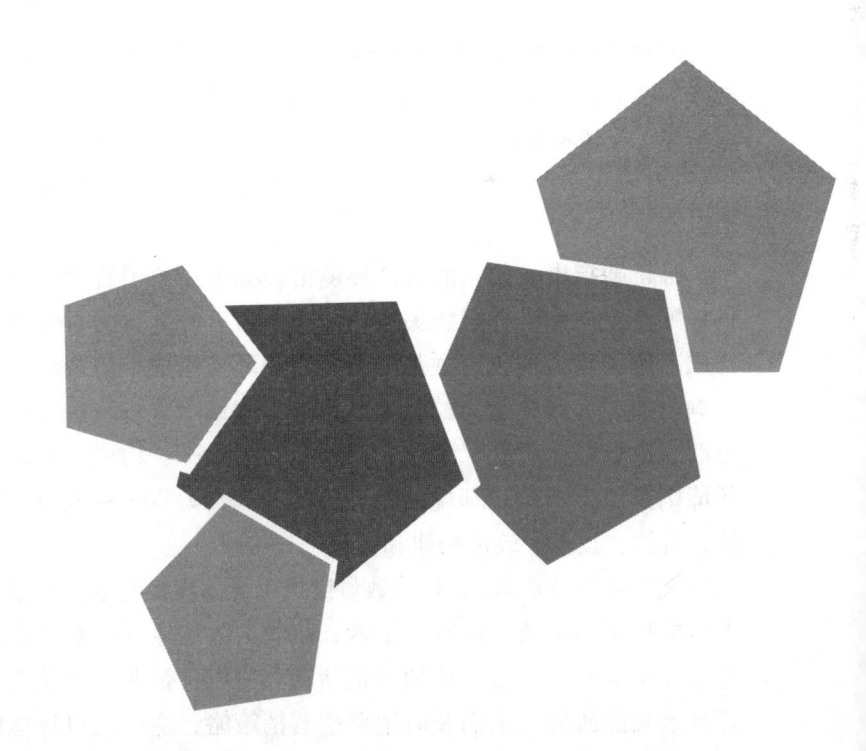

第一章
宏观环境：鱼不离水，营销脱不掉社会力量影响

企业必须掌握的6种主要宏观环境因素

> 宏观环境由影响微观环境的较大的社会力量——人口、经济、自然、技术、政治法律和文化——构成。为了应付迅速变化的全球形势，营销人员必须监测这6种主要的宏观环境因素。
> ——科特勒《市场营销原理》

科特勒指出，公司的营销环境由影响市场营销管理者与其目标顾客建立和维持稳固关系的能力的所有外部行为者和力量构成。市场营销环境由微观环境和宏观环境构成。微观环境由影响公司顾客服务能力的联系紧密的组织或个人——企业、供应商、市场营销中介、顾客、竞争者和公众——构成。而宏观环境则是由影响微观环境的较大的几种社会力量——人口、经济、自然、技术、政治法律和文化——构成。

人口是第一要素，人口的数量决定市场的规模与潜在容量，人口的性别、年龄、民族、婚姻、职业、居住地等因素也影响着市场格局，影响着企业的营销活动。所以，企业应重视人口环境因素的研究，从而及时地调整营销策略，适应人口环境的

变化。

　　经济也是一个对企业营销活动影响极大的主要宏观环境因素，它包括消费者收入、消费支出、产业结构、经济增长率、银行利率等因素，尤其是消费者收入状况和消费结构对营销活动有直接影响。

　　自然环境指的是自然界提供给人类的各种物质资料。经济的发展，工业化的进程，一方面给我们创造了丰富的物质财富，满足了人们不断增长的需求，但另一方面，也给自然环境造成了巨大的压力与破坏。自然环境保护越来越被各国政府和公众所重视。这些问题都是企业营销过程中必须予以高度重视的。

　　技术影响着人类社会的历史进程和社会生活的方方面面，它对企业营销的影响更是显而易见的。技术的发展，会给企业带来新的市场机会，会造就新的行业，同时也会给一些行业、一些企业带来威胁甚至颠覆，它还会改变消费者的购买行为和习惯，进而会促使企业在营销上进行变革和创新。

　　政治、法律这二者共同对企业的营销活动发挥作用，施加影响，政治环境引导着企业营销的方向，而法律环境则为营销活动定下了行为准则。企业在营销活动中，特别是在对外贸易活动中，必须要对目标市场的政治、法律环境有深刻的认识和了解。

　　文化环境指的是价值观念、宗教信仰、风俗习惯、道德规范等等。无论是消费者，还是企业，都处于一定的社会文化环境之中，企业营销活动必然受到文化环境的影响与制约。因此，企业制定营销策略，应了解和分析文化环境，在此基础上开展营销活动。

　　宏观的市场营销环境是不容忽视的，它虽不能直接决定企业的效益，但对企业的发展方向、发展目标都会有很大的帮助。企业的发展必须在市场营销的宏观环境中进行。宏观环境的发展变化，既会给企业制造有利条件与发展机会，同时也会给企业的生存发展带来不利因素甚至造成环境威胁，企业必须密切注视宏观环境的发展变化，并注意从战略的角度与之保持适应性。

读懂人口环境才能透视营销受众

人口统计是根据人口规模、密度、地理位置、年龄、性别、种族、职业和其他一些统计量进行的人口研究。由于人口统计环境与人相关，而正是人构成了市场，因此，市场营销者要密切追踪国内外市场中的人口变化趋势和动态，关注不断变化的年龄结构和家庭构成、人口的地理迁移、教育特点以及人口多样化。

——科特勒《市场营销原理》

科特勒认为，只有读懂了人口环境，才能更精准地透视营销受众。在人文环境中，营销人员必须认识到世界性的人口增长、年龄结构变化、重组民族构成和教育水平改变、非传统家庭的发展和大量的人口迁移。人口是很关键的一个环境因素，因为市场是由人所组成的。营销人员尤其感兴趣的是不同城市、地区和国家的人口数的多寡和成长率；年龄分布和种族组合、教育水平、家庭结构、地区特征和迁移。

有句话说："顾客就是上帝。"消费群体是企业的服务对象，如果不了解"上帝"的喜好，以及目前的状况和未来动向，又怎能赢得消费者的青睐呢？特别是当企业进入到一个全新市场的时候，更要对自己的消费群体有深入的了解。

2006年，一则PSP广告也引起了各界的广泛关注，这则索尼为陶瓷白色PSP在欧洲打出的广告一推出就立刻引发了激烈的争议。广告中一名白人女子单手掐住一名黑人女子的下巴，面露威胁之情，也正是这个动作，被普遍认为有严重的种族歧视倾向，遭到许多人的反对。最后，索尼撤下了分布在各地的引起争议的PSP广告，并就此事公开赔礼道歉。索尼的一位官方发言人表示："广告中使用的人物形象是为了强调黑、白两种颜色PSP的对比，我们承认，其中一个画面所表现的主题可能在某些国家或地区引发争议，因此我们决定撤回这些广告。"此外，索尼方面还对由于广告所带来的不良影响而道歉，并保证"索尼在将来的广告图片选择上将更加谨慎，同时也将加强对这类地区广告所带来的广泛影响以及对其他国家的潜在效果的预见和控制。"

营销就是要为消费者创造价值，而要创造出这种价值，首先就要了解消费者，了解自己所要面对的人口环境。

在营销上，对人口环境的分析，大致分为三部分——人口数量分析、人口结构分析和人口分布分析。近些年来，世界人口呈爆炸式的速度增长，对企业有着很大的影响。人是市场需求的主体，这也意味着市场需求也会随人口增长而发生爆发式膨胀。另外，人口结构老龄化，以及区域分布的一些特征，都是企业进行营销活动不得不考虑的因素。

分析人口环境，不能只是单纯地对数量、密度、分布、年龄、性别等数据的统计分析，最重要的是要能结合企业自身特点，从这些数据信息中寻找潜在机会。譬如，大众汽车就曾经注意到残疾人中有很大一部分人有着旅游驾驶的需求，因此，它不仅开发出了能很好满足需求的产品，更成功地运用了一些营销手段，开创性地占领了这个细分市场。

人口环境对企业有重要的意义。就拿中国来说，当年，为控制人口的快速增长，计划生育政策被全面地贯彻执行。结果催生了一批批"小皇帝""小公主"——他们受到父母、爷爷奶奶、外公外婆格外的溺爱和关注。现在，这个被宠爱群体的年龄从新出生的婴儿到20多岁不等，他们正显著地影

—39—

响着从儿童用品到金融服务、饭店和奢侈品的营销。在很多家庭，年轻父母们将家庭收入的很大一部分都花在这些宝贝孩子身上，这为儿童教育产品创造了巨大的市场机会。例如，时代华纳就看准机遇，推出了一种名为"英语时代"的互动型语言课程，包含200节课、40张CD，历时4年，针对的就是中国这个具有高赢利性、庞大的孩子市场。该课程售价3300美元，几乎是许多中国父母一年的薪酬。可见，把准了人口大环境的脉，从某种程度上说，就等于是把准了消费者的脉。

每一种新技术都是一种"创造性破坏"力量

改变人类命运最戏剧化的力量之一是技术。每一种新技术都是一种"创造性破坏"力量。晶体管使真空管行业没落、复印机使复写纸行业衰败。新技术创造了新的市场和机会，新技术终将替代老技术。如果旧产业忽略甚至抵制新技术，它们自身就会衰弱。因此，市场营销者应该密切关注技术环境。不能紧跟技术进步步伐的公司很快会发觉自己的产品过时了，并错失了新产品和市场机会。

——科特勒《市场营销原理》

科特勒曾说："技术创造了许多奇迹，如青霉素、开胸手术、避孕药；技术也创造出了恐怖的'魔鬼'，如氢弹、神经性毒气、冲锋枪；技术还创造出了诸如手机、电子游戏机这样好坏参半的产品。"

新技术能创造新的市场和机遇，然而每项新技术的诞生往往也意味着旧的技术要被淘汰，例如彩色电视机的出现慢慢淘汰了黑白电视机的市场。如果企业跟不上科技进步的步伐，就会发现自己的产品已过时，同时也就失去了一些新的市场机会，从而市场竞争力会被大大削弱。相反,如果企业重视科技环境的发展变化,并能及时采取行动,则能在科技进步中不断获益。因此对于企业而言,科技环境的分析就显得异常重要。

提到新技术的"创造性破坏"作用,就不得不提互联网。互联网对传统行业的冲击,几乎可以说是毁灭性的。举一个很明显的例子——互联网媒体对传统媒体。

从 2008 年下半年开始,美国报业就面临着债务攀升、广告收入大幅下滑的压力。许多公司不得不通过裁员、申请破产等方式渡过难关。2008 年 12 月,拥有《洛杉矶时报》《芝加哥论坛报》《巴尔的摩太阳报》等知名报纸和 23 家广播电视台,美国年收益第二、总发行量第三的报业集团"论坛报"提请破产保护。2009 年 2 月,拥有近 20 多家日报的 Journal Register 公司申请破产保护。第二天,大费城报业协会也在电子邮件中向该协会会员通知了费城报业公司申请破产保护的消息。而全美第一大报《纽约时报》在即将到期债务、股价及信用评级调低的重压之下,已经开始减少采编人员和削减股东红利。

市场通常将这些传统媒体所面临的困境解读成金融危机带来的附带伤害,但事实上,更主要的一个因素是互联网媒体的冲击。这是一股势不可当的趋势,金融危机只是加速了趋势的到来,只是起到了催化剂的作用。互联网技术的革命将在未来改变人们诸多生活方式。

试想一下,当某地出现了一件突发事件,记者接到爆料线索后,以最快速度赶到现场采访,写完新闻稿之后连夜发回报社,排版印刷之后第二天送到读者手中。传统新闻报道一直以来都是这样的流程。而现在,借助于互联网技术,那位现场的爆料人不仅可以联系传统媒体,更可以用手机轻松拍下现场照片然后上传到自己的博客或论坛中,同时以相对客观的立场发表一些自己的见解,那么他创造这条新闻的成本将远低于报纸,而这条新闻的传播成本更是大大低于传统渠道，网友只要把链接发给别人就行了。事实上，现在很多新闻都是在网上热炒很多天之后，才被传统媒体所关注。

报纸除了提供新闻，还提供有价值的评论，特别是一些作者的专栏具有很高的用户粘着度，但是现在多数有"粉丝"的作者都会在网上开设专栏，通过方便的RSS订阅功能（类似于订报纸），读者甚至可以做到实时监控作者的最新文章，而不必等报纸拿到手。更关键的是，读者还可以通过留言等方式直接和专栏作者互动。这些，是传统的媒体无论如何都难以做到的。

在传统媒体广告日渐萎缩的今天，互联网媒体广告却持续高增长，艾瑞咨询曾发布研究报告称，2008年中国综合门户网络广告市场高速增长近60%，广告营收达到47.4亿元；而搜索引擎广告营收也实现了翻番。写博客赚钱也已经不是新鲜事了，加拿大有一位叫John Chow的华人，他每个月通过博客获得的收入超过3万美元，为此他还特地把自己的成功经验总结成了一本书免费发布。

互联网技术所带来的改变远不止于此，在未来，它还将继续这种"创造性破坏"。随着网络媒体的兴起，人们越来越多地选择通过网络来获取信息，势必将大大影响报纸等传统媒体的发行量，并减少其广告收入，未来数年内裁员、降薪和破产可能会伴随着它们，如何及早顺应趋势进行调整，是当前传统媒体不得不考虑的生存选择。

熊彼特曾说：创新固然会创造利润，但是有创新就有破坏，因为创新会破坏现有的经济模式，但破坏之后新的取代旧的，结果更美好，这就是著名的"创造性破坏"理论。技术环境是"双刃剑"，也是促进市场优胜劣汰进程的一个重要力量。重视技术、合理分析技术环境变化趋势，才能做到趋利避害，为企业的营销活动做出正确的指导。

政治法律有底线，企业要"做正确的事情"

有多种原因使得商业立法很有必要。首先是保护公司的利益，其次是保护消费者免受不公平的商业活动的损害，再次是保护社会的利益免受无序商业活动的损害。明智的公司鼓励其管理者遵守法律和法规，"做正确的事情"。

——科特勒《市场营销原理》

科特勒提醒企业，尤其是进行国际化的企业，在开展营销活动的时候，会遇到 10 多种甚至数百种为执行贸易政策和规定而设立的形形色色的机构。政府机构在执法时有一定的自主权，因此它们对公司的市场营销活动会产生重要影响。新的法律及其执法部门持续增加。企业经理在计划产品和市场营销方案时，必须关注这些发展。市场营销者需要了解地方、州、国家和国际各个层次的保护竞争、消费者和社会的重要法规。

企业必须把握住法律底线。企业经营活动须依法进行，不能逾越法律的规范。毫无疑问，非法经营、进行内幕交易和向国家工作人员行贿这些行为都是违法的，只要有所逾越，纸终究包不住火，违法的代价最后终究得由企业来承担。在这方面，默多克旗下的《世界新闻报》就是一个典型的反面案例。

2011 年 7 月，传媒大亨默多克新闻集团旗下的英国通俗小报《世界新闻报》曝出非法截取、窃听私人电话信息的丑闻，由此使默多克集团陷入窃听风暴。《世界新闻报》是一份英国小报，每周日发行。该报纸是默多克所有的新闻集团旗下的报纸，通常被认为是太阳报的周日版。该报纸停发之前每周出版印刷 300 多万份，是世界上发行量最大的英语报纸。

它以名人新闻、丑闻、八卦消息、揭秘报道等为卖点，风格属于"小报"。英国小报素有靠窃听电话、付费购买名人隐私、骚扰王室等涉嫌违法行为来报道的传统。有人讽刺说,只要有"卖点",任何人都逃不出《世界新闻报》的掌心。

2006年,《世界新闻报》记者因雇用私家侦探窃听威廉王子、哈里王子的手机,2007年被捕、受审入狱。它曾最先爆出美国游泳名将菲尔普斯吸食大麻、美国高尔夫名将伍兹性丑闻……

英国警方调查表明,受雇于《世界新闻报》的私家侦探格伦,家中有长达9200页的英国公民信息资料,包括谋杀案和恐怖袭击的受害者、影视和体育明星、政客及跟英国王室成员关系密切的人士,甚至还包括阵亡英军士兵家属。警方说,可能有4000人的电话遭《世界新闻报》雇员窃听。

很多民众认为,《世界新闻报》的做法,"极其恶心""他们应该受到审判,付出代价"。因为窃听丑闻,这份有168年历史、英国最畅销的周报被停刊,而默克多的新闻集团亦因此事件形象一落千丈。

德鲁克曾提出"先做正确的事,再正确地做事"的理念,"做正确的事情"比"正确地做事"更重要。而谨守政治、法律、道德的底线,就是在"做正确的事情"。

美国管理学者卡罗尔曾将企业社会责任分为经济责任、法律责任、伦理责任、慈善责任4个部分。经济责任是指企业必须赢利,给股东以回报,这是最低层次的社会责任,是实现其他更高层次社会责任的基础;法律责任是指企业必须依法经营,一切活动必须遵守法律的相关条款;伦理责任是指企业的各项活动必须符合社会基本伦理道德,不能做违反社会公德的事情;慈善责任是指企业作为社会的一个组成部分,需要为社会的繁荣、进步和人类生活水平的提高做出自己应有的贡献,是最高层次的企业社会责任。这其中的法律责任非常重要,就好比地雷一样,企业一旦触碰了这条红线,会给自身带来极大的负面影响甚至是灭顶之灾。当企业实力还很弱小的时候，它可能无力履行慈善责任，但它必须履行法律责任和伦理责任，这是处于发展阶段的企业所需要谨守的底线。

《孟子·尽心上》中有一句"穷不失义"，这不仅是对人而言，也是对企业而言。在创业初期或发展遭遇困境的时候，企业追求自身的发展必须有底线，求生存、求发展不能成为企业无视法律、违背伦理的借口。这也就是说，企业只有守法经营，加之适应市场、立足创新、经营有方，才能保持较长的生命力。

文化环境直接影响着消费心理与行为

文化环境由制度和影响社会的基础价值观、认知、偏好和行为等其他力量构成。人们在特定的社会中成长，逐步形成自己的基本信念和价值观。社会文化环境因素决定了独特的生活方式，规定了人们的行为准则及道德规范，这些都会直接影响到消费者的购买行为。

——科特勒《市场营销原理》

科特勒指出，文化环境会影响到社会的基本价值观、理解、偏好和行为，而且，它会对消费者的心理与行为产生潜移默化的影响。

社会文化环境包括了企业所处地区的社会结构、风俗习惯、信仰和价值观念、行为规范、生活方式、文化传统、人口规模与地理分布等因素。社会文化也可以说是一个社会全体成员长期共同形成的行为特征的总和，各国家或地区都已形成了各自的社会文化特点。

社会文化还体现了一个国家或地区的社会文明程度。社会文化中教育水平的高低对企业营销调研、目标市场选择和采用何种经销方式等均有很大影响。另外，价值观念对消费者的消费需求和购买行为也有重要的影响，面对不同价值观的消费者，企业必须采取不同的营销策略。另外，消费习俗、宗教信仰等也都是企业不得不考虑的社会文化环境因素。很多跨国企业在这方面都有过长时间的探索与尝试，譬如雀巢、宝洁等。

雀巢的营销策略，正体现了社会文化的影响力。在雀巢咖啡之前，人们一直要通过煮咖啡才能尝到咖啡的美味，既费时且费力。当划时代的雀巢速溶咖啡面世时，改变了这一结果，使喝咖啡成为一件可以快速完成的事情。于是，雀巢速溶咖啡广告便强调因速溶而带来的便利性，然而，令雀巢未曾料到的是，这种以"速溶"为独特卖点的产品竟然没能像想象中的那样热销。

这时，雀巢的全球研究网络开始发挥它的作用，经深入调查了解，许多家庭妇女在购买速溶产品时存在顾虑，认为这是一种偷懒行为，甚至是对客人和丈夫的一种怠慢，这与男人心目中贤惠能干的妻子形象相距甚远。在男尊女卑的三四十年代，速溶咖啡显得有点不合时宜。

雀巢搜集到这些信息后，开始调整自己的营销策略，既然方便性已经不能令消费者心动，于是，广告的重点就转向表现产品的纯度、良好的口感和浓郁的芳香，强调雀巢咖啡是"真正的咖啡"。这一变，雀巢咖啡才真正火了起来。后来，随着妇女解放，人们越来越能接受雀巢的"速溶性"，雀巢大受广大家庭主妇的欢迎，尤其对那些没有磨豆道具的家庭来说，更是方便。

后来，当调研人员发现人们逐渐认可"好咖啡就是雀巢咖啡"后，雀巢咖啡的广告又开始变化了，由理性诉求转变为感性诉求，由对产品功能性的宣传转变为对新生活方式的倡导。

宝洁的帮宝适也是这样的，一开始它也将产品的诉求点定为方便好用，后来经过调研以后发现这个宣传让很多年轻妈妈感觉有偷懒的嫌疑，后来宝洁重新确定了广告诉求，重点宣扬帮宝适能够帮助宝宝更加健康地成长。广告的出发点改变了，以前是从妈妈的角度出发，强调产品能够给妈妈们带来更多的方便，后来的广告是从宝宝出发的，强调这个产品能够让宝宝更加健康地成长，所以帮宝适才越来越被妈妈们所喜爱。

不同的态度、价值观念和需求，就要求企业运用不同的营销方法以及不同的营销组合。每个人都是在特定的文化氛围中成长起来的，其所在的国家、地区、家庭等的文化，都会深深影响到他的价值观、世界观以及行为方式。

社会文化环境是一种长期积淀下来的环境因素，而且以企业的一己之力是很难去改变的，糟糕的是，对社会文化环境的分析往往容易被企业所忽视，结果也总是"惨败而归"。因此，熟悉和适应市场所在地区的社会文化环境，是每个企业必须要认真完成的先行工作，何况这些社会文化中经常还隐藏着一些商机！

营销人员应分析自己的市场营销活动将涉及哪些层次的文化因素，从而灵活地采取相应的策略。另外，在每一种文化的内部，都包含若干亚文化群，即那些有着共同生活经验或生活环境的人类群体。对亚文化群的研究甚至更为重要，根据他们的需求与消费行为，将其划分为不同特征的目标市场，从而更方便实行精确营销。

第二章
微观环境：层层面面
构建起企业的价值传递网络

企业必须掌握的6种主要微观环境因素

> 微观环境由影响公司顾客服务能力的联系紧密的组织或个人——企业、供应商、市场营销中介、顾客、竞争者和公众——构成。一个公司必须掌控这6种主要的因素。虽然这些因素有一定的独立性，但营销人员必须对其进行监视并采取相应的行动，因为它们会导致新机会与新威胁。
>
> ——科特勒《市场营销原理》

企业微观营销环境是指与企业营销活动发生直接联系的外部因素。科特勒认为，企业要取得市场营销的成功，必须与微观环境因素建立关系，与它们联合在一起，构建企业的价值传递网络，这个价值传递网络，也就是指企业为获得原始资源、扩展自己和交付产品而建立起的合伙人和联盟合作系统。具体而言，微观环境因素主要包括了企业本身、市场营销渠道企业、顾客、竞争者和社会公众。

第一，企业。

企业内部环境是指企业内部组织划分和层次以及非正式组

织所构成的整体。企业内部环境是企业市场营销环境的中心，不仅强调组织的正式和非正式关系，还强调组织成员的协作关系。企业内部环境包括营销部门、生产、研发、财务人力资源等部门的配合。

企业市场营销一般由企业主管市场营销的副总经理、销售经理、广告经理、营销研究与计划以及专家顾问等组成。企业营销要达成各职能部门相互理解和支持。营销部门在制定和实施营销计划时，必须考虑其他部门的意见，处理好同其他部门的关系。

第二，供应商。

供应商是指向企业及其竞争者提供生产经营所需资源的企业和个人，包括提供原材料、设备、能源、劳务和资金等。企业选择供应商要考虑质量、价格、运输、信贷和承担风险等各方面的条件，择优用之。

供应商对企业营销的影响很大，供应商所供应的原材料数量和质量将直接影响产品的数量和质量；所提供的资源价格会直接影响产品成本、价格和利润。在物资供应紧张时，供应商更起决定性的作用。企业应尽可能与其保持良好的关系，开拓更多的供货渠道，甚至采取逆向发展战略，兼并或收购供应商企业。

第三，市场营销中介。

市场营销中介是指协助企业促销、销售和经销其产品给最终购买者的机构，包括中间商、物流公司、营销服务机构（如调研公司、广告公司、咨询公司等）金融中间人（如银行、信托公司、保险公司等）。它们都是市场营销不可缺少的中间环节，大多数企业的营销活动都需要有市场营销中介的协助才能顺利进行。

第四，顾客。

顾客是企业营销活动的出发点和归宿，是企业最重要的环境因素。企业的一切市场营销活动以满足顾客的需要为中心。企业面对的顾客可分为以下几种类型：消费者市场，即购买商品的服务供自己消费的个人和家庭；生产者市场，即购买商品及劳务投入生产经营活动过程以赚取利润的组织；中间商市场，即为转售获利而购买商品的组织；非营利组织市场，即为提供公共服务或转赠需要者而购买商品和服务的政府机构和非营利组织；国际市场，即国外购买者，包括消费者、生产者、中间商和非营利组织所构成的市场。这几类顾客都各有特色，企业需要深入地了解每一类顾客，并以相应的方式提供产品和服务。

第五，竞争者。

每一家企业在经营过程中都不可避免要与竞争者打交道。要在竞争中胜出，企业就必须充分了解自己的竞争者，努力做到比竞争者更好地满足市场的需要。企业可以根据对消费者购买决策过程的分析来识别众多的竞争者。一个企业所在市场上面对的竞争者主要类型包括：

愿望竞争者，指满足购买者当前存在的各种愿望的竞争者；

平行竞争者，是指能满足同一需要的各种产品的竞争，如顾客要买电脑，可买笔记本电脑、台式电脑甚至是智能手机等，它们之间是平行的竞争者；

产品形式竞争者，指满足同一需要的同类产品不同形式间的竞争，如笔记本电脑有各种型号、式样，其功能各有不同特点；

品牌竞争者，指满足同一需要的同种形式产品的各种品牌之间的竞争，如笔记本电脑有华硕、联想、惠普、戴尔等牌子。

这其中，产品形式竞争者和品牌竞争者是同行业的竞争者，此外还有来自代用品生产者、潜在加入者等多种力量的竞争。企业需要全面地了解这些信息——目标市场上谁是自己的竞争者；竞争者的策略是什么；自己同竞争者的力量对比如何；以及他们在市场上的竞争地位和反应类型等。正所谓，知己知彼才能扬长避短、发挥优势。

第六，公众。

公众是指对一个组织实现其营销目标的能力具有实际或潜在利害关系和影响力的一切团体和个人。企业所面临的公众主要有：融资公众、媒介公众、政府公众、社团公众、社区公众、一般公众、内部公众。融资公众，指影响企业融资能力的金融机构，如银行、投资公司、保险公司等；媒介公司，主要是报纸、杂志、广播电台和电视台等大众传播媒体；政府公众，指负责管理企业营销业务的有关政府机构；社团公众，包括保护消费者权益的组织、环保组织及其他群众团体等；社区公众，指企业所在地邻近的居民和社区组织；一般公众，指上述各种关系公众之外的社会公众；内部公众，指企业的员工，包括高层管理人员和一般员工。

企业应树立良好的形象，力求保持和主要公众间的良好关系。现在许多公司都设有公共关系部门，专门负责处理与公众的关系。

企业最大的风险就是放松对顾客和竞争对手的关注

对于企业而言，最大的风险就是没有能够认真地对顾客和竞争对手进行监视，也没能够持续改进其产品与服务。他们只是注重短期利益，奉行销售至上的原则，结果无法满足股东、员工、供应商和渠道商的需求。

——科特勒《营销管理》

科特勒非常强调一点，那就是，对于任何一家企业而言，顾客和竞争对手都是应该给予最大关注的对象，这二者可以说是微观环境中至为关键的两大因素。对于营销人员来说，"谁是我们的顾客，谁是我们的竞争对手，这是企业的首要问题"。

经营企业，商业模式是一个怎么也绕不开的问题，而其重点又在4个方面，第一个是用户模式，就是要回答谁是自己的用户，给他们提供什么样价值的东西。第二个是产品模式，就是你要做什么，不做什么。第三个是市场模式，就是如何定位，用什么手段去推广。第四个是赢利模式，就是怎样把用户价值变为商业价值。

要理清楚这四大模式，最关键的就是要深入地了解自己的顾客群体和竞争对手。

一方面，应从用户中来，放下架子，真正从用户角度去看产品，把一切花哨的玩意儿去掉，让用户看到的是简单、简洁，让用户用起来是顺手、顺心。这样做出来的东西，才会受到用户的欢迎，才会让产品到用户中去，从而会聚起大规模的用户基础。另一方面，要紧盯竞争对手，进行优劣势的对比分析，找准对方的弱势与短板，采取最有效的竞争策略。

我们可以看一个软银孙正义的案例。

在日本，最大的在线游戏公司、最大的入口网站、最大的电子交易网站、最大的网络拍卖平台网络服务，都是孙正义的公司，他曾自豪地说道："在日本，我们就等于雅虎加Google加eBay。"

2001年的时候，当时日本大部分用户还在用拨接上网，电信公司NTT DoCoMo独占光纤网络。但孙正义认为随着网络的全面普及，对广大的网上人口而言，宽带时代是必然的趋势，他为软银争取到了经营宽带业务的机会。

虽然资本额只有竞争对手的十分之一，但孙正义却并不畏惧，他刻意拉高技术竞争门槛，为用户创造更高的价值。当时NTT DoCoMo只能提供最快每秒1.5M的宽带服务，软件银行一出手就推出每秒传送8M数据的宽带服务，传输速度增加4倍多。当时日本的国内长途电话十分昂贵，孙正义又推出让软件银行的宽带用户免费打的网络电话，这些服务，为软银赢得了庞大的用户群体，同时又削弱了对手的获利能力。

这种投入是巨大的，开头4年，软银每年要亏损10亿美元。而 NTT DoCoMo 绝无孙正义那种破釜沉舟的勇气，难以推出和软件银行竞争的宽带服务。六年后，软银累积出近千万户的宽带用户，2007年，软银终于有了575亿日元（约40亿人民币）的税后净利润。

孙正义认为，从拨号到宽带，不过是网络革命性改变的第一阶段，接下来，手机宽带上网将会是最能吸引用户的下一个主流，手机上网时代的到来是大势所趋。孙正义现在要抢的下一个第一名，就是手机宽带上网。

2007年4月，孙正义花了155亿美元买下日本第三大移动电话公司沃达丰，作为进军手机宽带上网的入口。为了与竞争对手全面拉开差距，孙正义果断将手机网络全部更新为高速3G（第三代移动通信技术）网络，同时改造手机，一键即可直接通过3G网络连上软银集团旗下的日本雅虎网站，让消费者可以轻松用手机取代电脑上网。2007年软银卖出的手机中，99%是3G手机。到2007年下半年，软银收购的移动电话公司沃达丰已经是日本移动电话企业中新用户增加最快的公司。

孙正义是一个传奇式的人物，而造就他传奇的一个很重要的因素，便是他对用户需求的精准把握，他总能准确地判断用户的更高一级需求是什么，他从来都是根据用户的需求来决定公司的未来走向。而对于竞争对手，他则是又狠又准，他能够看透自己的对手，更能针对竞争对手的弱点采取强势的竞争策略。

紧盯顾客和竞争对手，在此基础之上，持续地改进产品和服务。只有这样，企业才能少走弯路，少犯过错，才能稳健地发展。

企业必须关注大趋势，并时刻准备从中获利

> 大趋势是社会、经济、政治和技术的大变化，它的形成速度很慢，但一旦形成，将影响7~10年甚至更长。一个公司必须关注大趋势，并时刻准备从中获利。
>
> ——科特勒《营销管理》

科特勒曾经对时尚、趋势和大趋势这三者进行区分。

他认为时尚是"不可预测的、短暂的和没有社会、经济及政治意义的"。一个公司可以抓住一些时尚元素并且赚钱，在这方面运气和时机是较为重要的。

而趋势是具有某些持久性的事件的演进或方向。趋势比时尚更具有可预见性，也更持久。趋势能够展示未来的雏形并且提供很多机会。例如，重视体态苗条和健康的人的百分比正逐年稳步上升。

那么，什么是大趋势呢？大趋势是"社会、经济、政治和技术的大变化，它的形成速度很慢，但一旦形成，将影响7~10年甚至更长"。企业必须关注这样的大趋势，因为，一旦把握住了这种大趋势，将给企业的发展带来百年难遇的契机。而忽视或者错过这种大趋势，企业将深受其害。在一点上，柯达就是一个典型的商业悲剧。

2012年1月19日，一个让很多人觉得震惊但又让很多人觉得不出意料的消息传出——美国伊士曼柯达公司因负债68亿美元申请破产保护。这样一个庞然大物的倒塌似在顷刻之间，而往前推15年，感光产业的百年霸主柯达却正值巅峰状态。全球三分之二的市场份额，310亿美元的市值，近15万名员工，一万多项专利技术，这些是柯达在1997年时候发展规模的数字写照。

而刚跨入2012年的门槛，前几年一直靠出售专利聊以度日的柯达最终还是申请了破产保护，一个已经有了130多年发展历史的跨国公司，悲剧性地谢幕了。

柯达的落败，很多人将其评价为"生于胶卷，死于数码"。柯达曾创造了胶卷行业的几个第一：它发明了胶卷，让摄影由高贵转向平民化；它发明了便携照相机，让固定笨拙的相机变为轻巧方便的无处不在；它创下了照相机销量的世界最高纪录，曾让摄影爱好者以拥有"柯达"而骄傲……在"胶卷时代"，柯达是毫无悬念的世界霸主，但自2000年进入"数码时代"以来，其霸主地位受到了严峻的挑战，并最终完败。

当"胶卷"遭遇"数码"的冲击时，富士公司及其他日本同类行业高层能看到远景趋势并及时转型，以极小的代价夺取了世界"数码"的老大地位。富士敢于挑战霸主地位的柯达，开发生产数码技术态度坚决，虽然比柯达推出首台民用数码相机晚22年，却力顶数码走自己的路。仅5年时间，已占据60%数码产品市场份额的富士就把只占25%的柯达远远甩在后头，成了深受欢迎的摄影新产品。而看看2011年两家公司的表现，更可以看出"柯达"与"富士"经济效益上的巨大差别：柯达股价在2011年累计下跌了88%，仅为0.55美元，市值不到1.5亿美元。同一个月，富士胶片在拉斯维加斯召开的消费电子展发布了重量级单电相机X Pro1，富士市值将近120亿美元，全年营收接近500亿美元。2004年至今，柯达除了2007年一年实现全年赢利，其余年份日趋萎缩，公司市值也从1997年2月的310亿美元降至如今的1.75亿美元，10多年蒸发90%以上。

而最具讽刺意味的是，虽然柯达败于"数码"，但世界第一台数码相机却正是出自柯达之手。早在1975年，时任柯达应用电子研究中心工程师的史蒂夫·塞尚就创造出了世界上第一台"数码照相机"——重8.5磅，由16节AA电池驱动，照片记录在磁带里。这就是柯达公司的"未来相机"项目。如今数码相机所使用的许多技术,都是柯达工程师的专利——CCD图像传感器、OLED显示器、全世界第一个摄像头、第一个35毫米彩色胶卷、全世界第一台数码单反相机……当时,柯达公司并非对未来没有考虑,他们在"未来相机"项目报告里如是写道:"随着技术的进步,摄影系统必将对未来的拍照方式造成实质性的影响。未来相机的照片将存储在一种稳定性极佳的存储器里,可从相机内取下以进行播放。照片将保存在胶卷、磁带或视频光盘上,并且相机存储介质将可重复使用。"

那么,既然意识到了数码时代这样的一个大趋势,为何柯达还是错过了这趟"车"呢?拖住这个胶卷王者前进脚步的,竟然恰恰是它的成功。就像加拿大赖尔森大学罗伯特·伯利所说:"这是一家在时光中定格的企业。历史对柯达而言非常重要。柯达有一个多世纪的历史,一路走来,做了许多奇妙的事情,同时赚了许多钱。而历史已成为柯达的负担。"当时柯达在胶卷市场的丰厚收益使得它对数码的趋势一直保持保守观望的态度。由于担心数码业务可能冲击当时利润丰厚的胶卷业务,柯达把这种数码产品束之高阁。柯达曾经认为胶卷时代会永远存在,而数码时代将是个过渡时代。

柯达百年辉煌,是它曾准确地洞察市场趋势,把握了产品的更新和服务,满足了市场需求。而它的破产,却是因为它明明预见了下一个趋势,却因为留恋曾经的辉煌,瞻前顾后坐失良机,未能及时转型所造成的。数码相机的首创者却最后败于数码,这不能不令人叹惋。

柯达之殇告诉我们,决定企业命运的关键,也许就在于对某个趋势的把握上。抓住了,成王,错过了,败寇。密切关注趋势,积极变革转型,是一个卓越企业长远发展不可回避的一道槛。转型当然有风险,当然有刻骨的阵痛,但是,只有跟紧趋势,淬炼出更强大的竞争力,才是企业发展的安全之道。

企业营销工作中如果只盯着手头的这点情况，而不花一点儿时间去登高望远，自然难以看到一两年后、三五年后、十数年后的趋势与大局，只能看到眼前，最终能做的也就是眼前这点工作，再等到趋势成为定势，大局成为现局，唯一能做的就是被动承受，淘汰出局，甚至是"任人宰割"。优秀的企业会鼓励营销人员主动地了解趋势和大局，并且积极做出改变，跟上这种趋势，把握住其中的机遇。这样企业才不会被趋势踢出局，反而有可能利用趋势，转变为一个成功的做局者。

谁的全球网络建得好，谁就能取得竞争的胜利

为了在其他国家开展经营活动，企业往往面临授权许可生产、与当地企业组成合资企业、购买当地原材料以满足国内要求等选择。结果，许多公司都在迅速地创造全球战略网络。谁的全球网络建得好，谁就可能取得竞争的胜利。

——科特勒《营销管理》

科特勒认为，在企业与企业之间，除了竞争，更有合作。很多优秀的跨国企业在全球范围内构建起全球网络，也就是组建战略联盟，通过强强联合、互补联合，以最小的成本和投入来创造最大的效益。这种合作多发生在企业与其供应商或市场营销中介企业之间。更具体地来说，企业间联盟有4种类型：

一是产品或服务联盟。一家公司许可另外一家企业生产自己的产品，或是两家公司共同推销各自生产的互补产品或新产品。例如，信用卡行业是一个复杂的产品或服务联盟，由银行和信用卡公司和关联公司共同开拓和维护市场。

二是促销联盟。一家公司同意为另外一家公司的产品或服务进行促销。例如，麦当劳公司联合迪士尼公司，向购买套餐的人促销迪士尼公司的电影衍生产品。

三是物流联盟。一家公司为另外一家公司的产品提供物流服务。例如，雅培制药公司为3M公司储存医药产品并运送到美国的各家医院。

四是价格联盟。一家或几家公司加入特定的价格合作中来。例如，在旅游业，有的酒店会和航空公司联合推出有很大价格折扣的整体服务方案。

科特勒指出，公司在寻找合作伙伴的时候要发挥更多的创造性，以便扩大它们的优势和弥补自身的劣势。许多企业都把建立和管理合作伙伴关系的能力看作核心技能的重要组成部分，并把这方面的管理称为合作伙伴关系管理。很多世界知名的企业在合作伙伴关系建设方面都颇有成效，例如可口可乐、丰田等公司。

20世纪90年代初，可口可乐掌门人罗伯特·戈伊祖塔将其在菲律宾的成功实践加以总结、提炼，提出如果国外装瓶业务能保证可口可乐公司获得至少20%的利润，就对该装瓶厂进行投资，而且要以最小的投资争取最大的利润，并将这一方式称为"锚式"装瓶策略，并在全球推广。可口可乐通过"锚式"装瓶策略实现了在全世界的快速扩张和其"少投入、多产出"的经营信念。在与装瓶商的利益分配上，可口可乐不是强制性地要求他们必须俯首称臣，而是通过"渠道合作伙伴价值创造模型"进行管理。

可口可乐通过营销费用的投资管理控制了装瓶商的关键市场活动。可口可乐按照营销活动影响范围和投资数额的大小将营销费用划分为线上费用与线下费用，无论线上还是线下费用，均由可口可乐与装瓶商各出一半。线上费用由可口可乐统一制订计划，装瓶商执行；线下费用则是由装瓶商自主支配，报总部审批。对于投给装瓶商的费用，可口可乐并不直接以资金形式投入，而通常是在装瓶商的营销活动完成之后以报销的形式投入。营销活动的直接收益由装瓶商获得，可口可乐则通过浓缩糖浆销量的扩大和年终的分红取得收益。

可口可乐作为大型跨国企业，在其他合作公司面前，是很占优势的，但是，它并没有压榨和剥削对方，而是搭建了一个更大的平台，建立起一个全球性的价值传递网络，将合作公司真正变为自己的合作伙伴，实现互利共赢。

随着全球化和数字技术的推进，企业与企业之间的距离也越来越近，大量的货币、商品、数据和人员正以前所未有的速度跨境流动。从某种程度上可以说，每一个公司都是全球性企业，每一个公司都应努力把全球网络的特征融入自己企业的DNA中，不论该公司的规模有多小。

在未来，就像科特勒所言——"谁的全球网络建得好，谁就可能取得竞争的胜利"。合作能让企业更好地对抗竞争。而深度合作的基本前提是实现共赢。合作必然要建立在目标一致的基础之上，以持续成长为目标的企业会去研究合作伙伴的需求，理解他们想要什么，分给对方合理的利益。只有与合作伙伴分享利益，带给他们从别处难以获得的价值，才可能打造坚固紧密的合作关系。

第三章
市场信息与顾客洞察：
信息的价值在于应用

营销胜利的基础越来越取决于信息，而非销售力量

营销胜利的基础越来越取决于信息，而非销售力量。今天的市场营销者能够接触到大量的市场营销信息。由于信息技术的迅猛发展，公司现在可以产生大量的信息。他们需要更好地利用已经得到的信息。

——科特勒《市场营销原理》

任何营销活动，都离不开信息，没有信息，营销就很容易"失明"，寸步难行。在国家之间，都会有专门的情报机构负责信息的收集、处理，情报是一个国家首脑决策的重要参考，而对于一个企业而言，信息情报同样极为关键，如果没有市场情报的支持，无异于在茫茫的黑夜中盲目航行。

一项对华东地区252家大中型企业的调研结果表明，有过调研作业的仅60家，占24%；设立营销调研部门的只有23家，占9%；坚持日常调研作业的才3家，仅占1.19%。

现代企业开展市场营销活动，离不开人、财、物等方面的资源，尤其是信息资源。商场如战场，在战场上，如果一支军

队没有情报信息,很难想象其能够打胜仗,在商场上亦如此,如果没有情报的搜集和分析工作,是很难在激烈的商场竞争中存活的。现代社会可以说是一个由信息主宰的社会,对信息处理的优劣也成为决定性的环节。越来越多的公司都在忙于探知竞争对手们在做什么,市场环境是怎么样的情况。

随着企业市场活动范围的不断扩大,在不断面对新的环境时,也需要收集、加工许多新的信息;另外,消费者对产品与服务的需求也越来越多样化,这也就决定了市场的多元化趋势,企业面对的市场信息也愈加复杂。因此,企业为了求得更好的生存与发展,就必须建立起高效的市场营销信息系统,通过系统的分析和研究来提高信息的质量,为企业的经营决策服务,达到提高其经营能力和竞争能力的目的。

成功的数据库营销战略都要求建立客户分群,并且通过对客户群的行为价值分析,设计出针对性的营销策略来吸引不同客户分群的兴趣。这往往要求企业采集和掌握客户相关的更深入的知识,并且运用这些知识来指导相关营销策略的设计。

而实际的情况是,很多公司并没有对信息提起十分的关注,也从未系统建立过客户分群,更谈不上开发相应的营销策略。企业在客户信息管理策略方面,更多的是从交易和技术出发,很少考虑和分析客户的需求和行为。这些企业在系统性的采集和积累客户信息时往往缺乏经验,造成在展开营销时发现信息很多很杂,但真正需要的有价值的重要信息却少之又少。

与那些轻视营销调研、信息搜集的企业相比,某些企业走了另外一个极端,他们过分依赖于"专业调研公司",迷信图表、模型之类的东西,总要拿着调研公司作出的一大堆厚厚的调研数据和调研报告才觉得安心。但是,他们却不太注意自身平时的调研,其实,在公交车上、在聚会时、在旅游途中、在网上论坛里,都存在大量的有用信息,有心的营销人员都可以借着这些机会向周围的人询问他们的喜好、消费习惯等问题,甚至去翻翻人家的垃圾桶,也可能有意外的收获。

真正重视信息的企业,应该把信息搜集作为一门基本的功课。在请专业公司调研的同时,更要让自己的员工经常走到市场上去了解情况。企业高层管理者也不能总是等着听下属长篇大论的市场汇报,多去市场里走走,增强对市场的感性认识,说不定就会有新的发现。

太多的信息与太少的信息一样有害

一些管理者会想要所有能够得到的信息,而不仔细考虑自己真正需要什么。其实,太多的信息与太少的信息一样有害。还有一些管理者忽略应该知道的信息,或者他们并不清楚自己应该想要什么信息。实际上,大多数市场营销经理数据载荷太大,甚至常常被数据淹没。

——科特勒《市场营销原理》

科特勒指出,企业在面对信息时,容易走入两个误区,一是信息过少,也就是企业不注重信息的收集和调研;二是信息过多,企业搜集的信息太多太多,却没有系统地加以整理,更别提有效地利用。很多企业都面临着这样的窘境:一方面,存在这种数据过剩;另一方面,市场营销者却经常抱怨他们缺乏足够有价值的信息。他们不需要更多的信息,而是需要更好的信息。所以说,太多的信息与太少的信息一样有害。

在这个信息至上的社会中,最不难获得的是信息,最难获得的同样还是信息。沃尔玛每小时从收银扫描仪更新销售数据,每天增加的就是10亿条数据,相当于大约9.6万部DVD电影,需要分析的数据实在太多了。

面对海量的营销信息,搜寻和分析出自己所需的信息很重要,还好,这有着高速发展的信息技术的支撑,然而,对于信息的解读与处理,则是未完全智能化的科技所难以解决的,这需要决策者们的经验与准确的信息判断能力。若不能精细且合理地处理信息,那前面关于营销信息的一切工作都是徒劳的,最后的结果必定是功亏一篑。例如,管理者需要知道有利或不利的消费者网络口碑,即消费者在博客或网上社交网络中关于其品牌的讨论。如果他们对这些讨论浑然不知,自然就想不到要去了解。市场营销信息系统必须监督市场营销环境,以便为决策制定者提供所需信息,帮助他们更好地理解顾客和制定市场营销决策。

在过去几年里,有几桩收购案值得一提,雅虎公司收购付费搜索服务供应商 Overture;IBM 公司(国际商业机器公司)收购澳大利亚 Web 内容管理软件供应商 Aptrix 公司;Interwoven 公司收购数字资产管理解决方案供应商 MediaBin 及文档整合管理以及协同内容管理解决方案供应商 iManager;EMC(易安信)公司将以 17 亿美元的高价收购内容管理软件公司 Documentum……

这些被收购的企业都有一个共性,它们都是面向企业用户,对企业内部和外部多种信息资源进行全面整合管理的企业。在这样一个数字信息极度膨胀的年代,对信息进行整合与管理,成为企业 CIO(首席信息官)的头等大事。

对于一个信息化发展到一定程度的企业来说,在企业内部同时运行着数百个甚至数万个不同的程序和应用系统,这些不同的程序和系统往往都会产生一些信息和内容。这些信息和内容之间往往不能相互传递和利用,而是形成一个个的"信息孤岛",使用者如果要寻找一份特定的资料,就可能要到很多个"信息孤岛"里的浩如烟海般的内容中去查询和搜索,尤其是对于历史久远的内容来说,这个工作往往像大海捞针一般困难。

面对这样的问题,企业开始意识到,必须建立起一个跨平台、破除"信息孤岛"的内容管理系统,无论企业有多少个应用系统、多少内容,也无论这些内容放在哪里、谁在更新、谁在使用,所有内容都通过一个中间的内容管理平台进行转换、重新定向和提供,才能真正、有效地利用整个企业内部的信息和内容,使之发挥最大的效益。这对于机构遍布全球的大企业集团来说尤其重要。

大企业需要处理的营销信息很广泛,而且量大,处理起来就比较麻烦,重要数据还容易丢失,所以必须要建立营销信息系统,才能高效地处理数据并及时地服务于决策;对于中小企业来说,建立相对简单的营销信息系统,同样可以提升营销决策的质量。建立营销信息系统是企业处理营销信息的必然趋势。

内部资料、市场情报、营销调研中都藏着宝贵信息

市场营销者可以从内部资料、市场营销情报、市场营销调研中获得所需信息。公司尤其要积极地监督竞争者的行为。公司运用竞争者情报来获得竞争者动态和战略、新产品上市、新的或改变的市场、潜在竞争优势和弱势的预警。

——科特勒《市场营销原理》

企业可以从多种渠道获取信息,例如,对本公司员工的临时测验,对竞争对手的产品分析,与顾客进行访谈,利用互联网进行相关信息搜索等,更有甚者,派出商业间谍潜入竞争对手中去寻找情报信息。搜取情报的手段层出不穷,合法的以及铤而走险的,都充斥在这个尔虞我诈的商业斗争中。准确有效的情报信息不但是企业决策制胜的关键,更对企业战略规划有着深远的影响。

掌握情报的主动权,就能在战略上占得先机。情报的来源

极其广泛，不但可来自供应商、转售商和客户那里，还可以是公司内部人员所得来的情报信息，甚至还可以通过观察对手来获得情报信息。只要是与公司或行业有关的，无论是公开还是非公开的信息都应成为搜集的对象。比如，对手的年度报告、商业刊物、贸易展览品以及新闻报道等，然而，往往那些不被多少人掌握的非公开情报信息却具有更大的价值，这也是各公司极力想弄到手的情报。

必胜客在顾客信息搜集与处理方面做得非常专业。它的数据库包含了4000万美国家庭的详细顾客资料，这些数据是从遍布全国的7500多家网点的电话订购、网络订购和销售点交易中慢慢收集而来的。这些数据细致到什么地步呢？必胜客可以根据消费者偏爱的配料、最近订购什么、是否在购买奶酪和意大利腊肠比萨的同时购买过色拉，等等，归纳和解析数据，然后运用所有这些数据强化客户关系。例如，基于对数年来购买交易的深入分析，必胜客设计了一个"VIP（贵宾）项目"以留住最佳顾客。它邀请这些顾客交14.95美元参加"VIP项目"，从而可以收到一个免费的大比萨。然后，每月每订购两个比萨，VIP顾客自动获得另一个比萨免单的优惠券。必胜客追踪VIP购买，并用电子邮件的方式与他们保持联系与互动。总之，该活动不仅留住了必胜客的顶级客户，而且吸引了新顾客。该项目还引发了网上热议。一位作者在博客中写道："当我想吃比萨时，首先出现在我脑海里的会是谁的品牌？谁发给我优惠券和免费的东西让我想吃比萨而不做晚饭？你猜对了，是必胜客。它吸引我，现在还拥有了我的忠诚。它使一切如此方便，以至于我不想再烦心去别处了。"

必胜客从顾客的消费记录出发，一点点累积顾客信息，最终构建起了一个既庞大又细致的信息数据库。根据这个数据库中的信息，必胜客又有针对性地对某些群体开展相应的营销活动，既提升了销量，又巩固了顾客忠诚。

内部资料、市场营销情报、市场营销调研，等等，这些都是很好的客户获取渠道，而科特勒还特别强调了一点，那就是从竞争者方面挖掘信息。普华永道的一次研究发现，在制定战略时，将竞争者情报用作关键要素的公司增长速度比没有这样做的公司快20%。

在企业与企业之间的竞争中，谁快一步，就可能领先一大步。营销人员要培养一种对市场信息的敏锐度，争取在第一时间获取第一手信息，而一些特别出色的营销者更能从已知的一星半点儿的信息中迅速判断出机会，进而先下手为强。

聪明的公司在每个可能的顾客接触点上捕捉信息

如何最好地分析和使用顾客数据是一个特殊问题。许多公司几乎被淹没在海量的顾客信息中。实际上，聪明的公司在每一个可能的顾客接触点上捕捉信息。这些接触点包括每一次顾客与公司之间的接触，例如，顾客购买、销售人员联系、服务和支持电话、网站访问、满意度调查、信贷和支付、市场调研等。

——科特勒《市场营销原理》

信息的重要性，每一家公司都心知肚明，但是，很多公司仍然在苦恼，到底如何才能捕捉信息。在科特勒看来，聪明的公司在每一个可能的顾客接触点上都会用心去搜集信息。有顾客存在的地方，就会有信息，企业应留意每一个可能的顾客接触点，对客户信息的正确认识、有效地获取是企业开拓市场、取得成功的第一步。

信息获取的渠道其实非常丰富，例如展览、搜索引擎、专业网站、权威数据库、专业机构、客户企业、会议与论坛、老客户、竞争对手，等等。有心的营销者在每一个顾客接触点上都能捕捉到有效的信息。

营销人员要先跟着顾客走，然后，才有可能让顾客跟着自己走。也就是说，营销人员先要搜集到足够的顾客信息，有了深厚的认识之后，才可能有针对性地为顾客提供有价值的产品与服务。

日本常磐百货公司的经营物品几乎包揽了当地所有人的日常生活用品和食品。自从它的新任老板长川上任以后，该公司营业额几乎每年翻一番，长川到底有什么秘诀呢？

他刚刚到常磐百货公司上任时，公司只是一个很普通的生活用品商场，当地和他们公司同样大小的百货公司还有五家。怎样才能为自己争取到更多顾客呢？

人们到百货公司买东西的时候，常集中采购，也就是三五天或者一周左右的时间集中地来商场购物，为防止丢三落四，他们通常会先写一张购物清单。有一次，长川看见一位女顾客买完一件东西要走时，把一张纸条扔到商场门口的纸篓里，他心里一动，便走过去捡起来，发现这是一张购物清单，上面写了顾客需要的另外两种商品，他们商场里也有，只是质量不如顾客注明要买的品牌好。他根据这一信息，更换了该商品的品牌，果然有很好的效果。

从此，长川开始组织员工每天把废纸篓里的纸条全部捡回去，仔细研究顾客的需要。很快，他就知道了顾客对哪几类商品感兴趣，尤其青睐哪几种牌子，对某类商品的需要集中在什么季节，顾客在挑选商品时是如何进行合理搭配的，等等。在长川的带动下，常磐百货公司总是能以最快的反应速度适应顾客，并且合理地引领顾客超前消费，一下子把顾客全部吸引进了他们的店里。

在顾客的每一个举动中，都会有丰富的信息流露出来。即使废纸篓里的一些废纸条，有时也潜藏着某些宝贵信息。关键要看营销人员能否从这些细节中去发现，去提取。

在收集信息的同时，营销人员也要对信息加以归类整理，以便于及时挖掘、提炼信息的价值，使收集的各类资料最大限度地服务于企业。特别是对于大客户资料、竞争对手资料、项目资料，更是营销人员需要重点搜集、细心梳理的。

第三篇

营销战略与管理：为企业勾勒蓝图

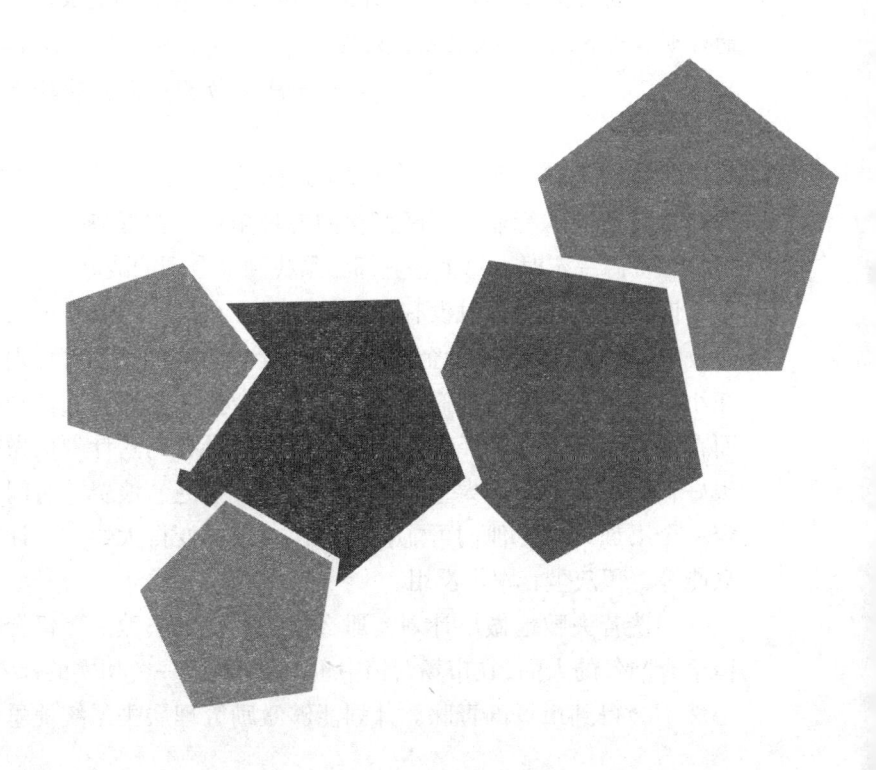

第一章
成功的营销是精心计划出来的

没有认真计划，那么你正在孕育失败

制订计划并不好玩，并且它还要消耗工作时间。然而企业必须进行计划。倘若失败地做出计划，那么你正在计划失败。正式的计划能为各式各样的企业，无论大小和新老，带来许多益处。
——科特勒《市场营销教程》

科特勒强调，所有的企业都必须向前看并且制定一个长期战略，以适应本行业中不断变化的各种条件。在形势、机遇、目标和资源一定时，每个企业都必须找到最合理的战略。

许多企业在经营时没有正式的规划。在那些刚成立不久的企业中，管理层忙着维持企业的生存以至没有时间来制订计划。在小企业里，很多经理们都认为只有大企业才需要正式计划。而在成熟企业，许多经理们又坚持说他们没有正式计划也做得很好，因此计划并不太重要。他们可能会拒绝"浪费"时间制定一个书面计划。他们可能会争辩说，市场变得太快了，计划只能等着积灰尘，根本没用。

"倘若失败地做出计划，那么你正在计划失败。"机会是留给有准备的人的，在市场营销中也一样，缺乏一个切实的计划，必然不会得到市场的青睐。计划能够激励管理层去系统地思考已经发生的、正在发生的以及将要发生的事情。一个清晰明确的计划,往往还能帮助企业完善与实现其目标和政策,能够协调好各个部门之间的工作。同样,一个全面且实际的计划还能够应付不断变化的市场需求。

完整的营销计划制订流程包括:扫描企业的内外部环境,确定企业在特定时期内要实现的目标及实施规划,在此基础上,将企业的计划细分,确定各部门的工作目标,制订各部门的工作计划。

企业在制订营销计划时,容易出现3种问题。

第一,计划不完整。比如,缺少对企业内外部环境的整体扫描,容易出现企业营销计划方向不符合企业实际情况的问题;再如,制订计划时,没有处理好营销计划和企业战略规划的关系;或者企业缺少战略规划,这都会导致营销计划缺乏方向性。

第二,计划目标不切实际。这是企业制订营销计划时常犯的一种错误,营销计划最突出的特点是其目标在特定的时期内是可以实现的,这就要综合考虑企业的人力、物力、财力情况,确立切实可行的计划目标,否则制订的计划只能是空中楼阁,遥不可及。

第三,营销计划缺少细分。企业的生产、销售、财务、市场等职能部门彼此独立,按照各自职能独自运作,而企业营销计划需要将各职能部门的职能工作与企业的计划结合起来,这就需要确立各职能部门的工作目标及其相应工作内容。

在营销计划工作中,企业最高层要扮演战略决策者的角色,要能够从战略的角度审视企业全局,对企业的发展方向作出判断。另外,企业营销计划是企业整体战略规划实施的重要组成部分,因此,在制订企业营销计划之前,企业需要明确其战略发展方向,并且将企业的营销计划与战略规划有机地结合起来。

所有公司总部都在从事这样四项计划活动

> 所有公司总部都从事以下四项计划活动：一是确定公司使命，二是建立战略业务单位，三是为每个战略业务单位配置资源，四是评估增长机会。
>
> ——科特勒《营销管理》

科特勒将公司高层管理者最为关键的计划活动划分为四大项：

第一项就是确定公司使命。

公司使命就是战略管理层为公司定下来的总方向、总目的和总体的指导思想，它能够表明本公司与其他公司的差异所在，能够界定公司的主要产品、目标群体以及服务范围。公司使命是公司战略制定的前提，也是战略执行的基础，它能为公司的发展指明方向。

有句古话是这样说的："执道循理，必从本始。"这句话的意思是说要找到问题的最终答案，就要溯本求源，而对于一个现代公司来说，公司使命就是一切公司行为的"本"。像福特公司，它的创始人亨利·福特很早就为公司树立了这样一个共同的使命——"我将有一个伟大的目标：建造每一辆汽车……它要很便宜，使得那些没有很高收入的人也能买得起，从而使他们能与家庭一起分享上帝赐予我们的快乐时光……马车将会从公路上消失，拥有汽车将会变成一件理所当然的事……为此我们要让大量的工人在更好的收入下工作。"正是这样的一种使命，使得福特一度成为汽车业的霸主，取得了长远的发展。

确定公司使命是一切公司计划的根与本。一个没有使命的公司，即使是在短时期内取得了市场成功，也会失去长久发展的动力，是不可能走远的。

第二项是建立战略业务单位。

战略业务单位是公司的职能单元，它有独立的业务，有具体的任务，有自己的竞争者，有一定的资源，有自己的一套管理班子，它可以独立地计划业务。战略业务单位就像一个个细胞一样，只有强大的战略业务单位联合起来，才能构成一个强大的公司。

公司需要有自己核心的战略业务单位，它能在一个多元化经营的公司或集团中占据核心的竞争优势，并创造主要的利润收入。这样的战略业务单位在公司所有的业务组合中一定是在该行业中最具有竞争能力的。它的存在可以给市场和消费者传达一个明确的概念——"我（公司）主要是做什么的。"

第三项是资源的分配。

一个拥有多个战略业务单位的公司，资源的分配是一个很关键的环节。资源分配的主与次、多与少在很大程度上会影响到每一个战略业务单位的表现与效益。

公司的资源是多方面的，但最重要的两大类就是财务资源和人力资源。财务资源是支撑公司发展的最关键的资源，"钱多好办事"，这句话未必准确，但是有一定道理的，没有资金财力上的支持，战略业务单位即使制订出了出色的规划、计划，也仍然会寸步难行。人力资源也是各个战略业务单位所看重的，有了高水准、能力强的人才队伍，业务才能顺利地、快速地推进。

可以说，资源分配是战略规划的核心任务。公司要根据各战略业务单位对整个公司战略的重要性来设置财务资源和人力资源分配的优先权与比重，以实现资源的高效利用和最大回报。

第四项是评估增长机会。

一个绝佳的市场机会，足以让一个公司快速壮大，甚至是起死回生。公司在评估增长机会时，首先要判断的是市场定位，一个好的增长机会必会有其特定的市场定位。公司要评估市场定位是否明确、顾客需求是否明晰、顾客接触渠道是否流畅、产品是否有持续衍生力等,由此来判断此机会可能创造的市场价值。

接下来,公司要评估的是市场结构和规模,要看围绕该增长机会,进入障碍如何,供货商、顾客、经销商的谈判力量如何,还有替代性竞争产品的威胁,以及市场内部竞争的激烈程度如何等。这个增长机会能创造一个多大的市场规模?在这个市场中成长速度和利润空间如何?这些都是公司需要研究的。

此外,公司还要评估市场渗透力以及投资回报率。公司的能力与实力是否能够驾驭这个市场机会,是否能够获得可预期的赢利,是否能够抵御其中的风险,以及应该选择什么样的最佳时机进入,等等,每一点都不容轻视。

这四项就是公司总部最应该重视的计划活动,只有将这四者梳理清晰,公司这艘大船才能行得稳、行得快。

有效而清晰的使命声明能让企业走得更稳更远

企业制定使命声明的目的,是使管理人员、员工和顾客可以共享公司的使命(在许多情况下是这样)。一份有效而清晰的使命声明往往可以使员工对组织目标、方向和机会达成共识,并提供指导。当公司的使命能够反映公司的远景——一个"几乎不可能实现的梦想,可以在未来的10年到20年里为公司提供发展方向",就达到了使命的最高境界。

——科特勒《营销管理》

科特勒认为,一个好的企业使命声明或者说企业愿景往往具有以下5个显著特点:第一,它们集中在有限的目标上。"我们要生产最高质量的产品,并以最低的价格建立最广泛的分销网络和提供服务。"这样的使命声明听上去还不错,但实际上却由于目标太多而导致目标不明确。第二,使命声明应该强调公司的主要政策和价值观，并有助于对员工的自主范围进行限制，从而使员工的努力与组织目标保持一致。第三，使命声明应该明确公司想要参与竞争的主要领域与范围。第四，使命声明必须立足于长期视角。使命声明必须具有持久性，管理人员只有在使命变得与企业目标完全不相关时，才可以改变或调整公司使命。第五，使命声明应该尽可能简单、容易记忆和意味深长。

企业使命声明是企业未来的目标、存在的意义，也是企业之根本所在。它是指，根据企业现有阶段经营与管理发展的需要，对企业未来发展方向的一种期望、一种预测、一种定位。它回答的是企业为什么要存在、对社会有何贡献、未来的发展是什么样子等根本性的问题。

日本松下电器的创始人松下幸之助有这样一个习惯，每当有人晋升为中层经理时，他都会向这些中层的管理者讲述松下的使命声明是什么。松下这么做的用意在于，首先，告诉中层，松下是一个有愿景的企业；其次，给中层以信心；最后的一点，就是让这些中层能够根据整个企业未来的发展，制定自己的生涯规划，使个人生涯规划与企业的使命保持方向一致。

如果一个企业有清晰明确且有效的使命声明，员工就会追随它，而不至于迷失方向。许多杰出的企业大多具有一个特点，就是强调企业使命声明的重要性，因为唯有借重于它，才能有效地培育与鼓舞组织内部所有人，激发个人潜能，激励员工竭尽所能，增加组织生产力，达到顾客满意度的目标。

企业的使命声明不只专属于企业管理层所有，企业内部每位成员都与之息息相关。企业使命声明的作用是促使组织的所有部门拥向同一目标并给予鼓励。同时，它也是员工日常工作中的价值判断基准。

在树立使命声明的时候，企业需要遵从这样几点：

第一，要确立焦点，比方说，海尔将焦点放在创中国的世界名牌上,这样一个焦点不仅能带来高曝光率,也能增强品牌的影响力和号召力。

第二,要持久一贯。如果企业今天是这个使命,明天是那个使命,换来换去的话,那么,比没有使命还要糟糕。使命声明需要长期的坚持,持久一贯,只有这样,才能为企业带来惊人的累积效果。

第三,要能将使命声明和品牌结合。一个结合品牌和使命声明的方式,就是选择一个和本业紧密相关的议题领域。例如:美国 Merck 公司的"帮助同疾病斗争的人"。

第四,取个响亮的名字。在宣扬企业使命声明时取个响亮的名字,往往能取得极佳的效果。例如,麦当劳为疾病儿童建立了一个温暖的治疗之家,就取名为"麦当劳之家"。响亮的名称能让主张更清楚,让影响更加深刻。

营销策划是一个周密而系统的六步过程

营销策划包括6个步骤:情景分析、目标、战略、战术、预算和控制。

——科特勒《科特勒说》

在企业的经营过程中,营销策划是非常重要的一个环节,它决定着在未来的一段时间内企业应该做什么,应该怎么做。科特勒将营销策划分成了6个步骤,每一个步骤都不可或缺,任何一步的缺失都可能会导致营销策划无法有效地执行到底。

第一步,情景分析。

情景分析是为了让企业对所处的大环境、小环境都能有一个全面而清晰的了解和把握。情景分析重点需要关注的是这样4个方面:

其一,宏观环境。企业需要对所处环境的各种宏观力量进行分析,这包括人口环境、经济环境、技术环境、政治法律环境、社会文化环境等等。

其二,市场状况。掌握目标市场的规模及其成长性的有关数据、顾客的需求状况等。

其三,竞争状况。判断企业的主要竞争者,并摸清楚竞争者的规模、目标、市场份额、产品质量、价格、营销战略及其他的有关特征,以了解竞争者的意图、行为以及竞争者的变化趋势。

其四,机会与风险分析。就是对计划期内企业营销所面临的主要机会和风险进行分析,对企业营销资源的优势和劣势进行系统分析。科特勒建议企业变SWOT分析(优势Strengths、劣势Weaknesses、机会Opportunities、威胁Threats)为TOWS分析,也就是先分析威胁与机会,再分析劣势与优势。科特勒认为,这两种模式虽然针对的是4个同样的要点,但是,后者分析思维的顺序是由外而内,而不是由内而外的,相比之下,后者更理性、更实际一些,它可以防止企业根据自身的优势来选择性地认识外部威胁和机会。

第二步,确立目标。

通过情景分析,企业需要判断出那些最好的机会,然后,需要对这些机会进行排序,由此出发,确定目标市场,设立目标,并制定完成时间表。

确定营销目标是企业营销计划的核心内容,目标要用数量化指标表达出来,要注意目标的实际、合理,并应有一定的挑战性、开拓性。目标应重点从两方面去定义。

其一,财务目标,也就是确定每个战略业务单位在计划期内所要达到的财务报酬目标,这包括投资回报率、利润额、利润率等指标。

其二,营销目标,主要由这些指标构成,如销售收入、销售量、销售增长率、市场份额、品牌知名度、分销范围,等等。

第三步，制定战略。

任何营销目标都有许多达成途径，而战略的任务就是要选择最有效的行动方式来完成目标。制定营销战略，包括了目标市场选择和市场定位、营销组合策略等。企业要明确营销的目标市场是什么市场，如何进行市场定位，如何树立品牌形象，企业要采用什么样的产品、渠道、定价和促销策略，等等。

第四步，制定战术。

战术是将战略充分展开成细节，包括产品、渠道、定价和促销的具体营销方案和企业内营销相关人员的任务与时间表。根据营销战略制定详细的行动方案，也就是要理清楚这样的一些问题：要做什么？何时开始？何时完成？谁来做？成本是多少？怎么操作？整个行动计划要具体说明每一个时期内应执行和达成的目标，以及时间安排、任务要求、费用开支、人员分配，等等，使营销战略能落实于行动，并能循序渐进地贯彻执行。

第五步，制定预算。

预算就是企业为了达到其战略目标所计划的一系列行为和活动所需要花费的成本。制定预算，一方面要定下企业预期的销售量与销售收入总额，另一方面要将生产成本、分销成本以及营销费用等都考虑进来，而且要制定再细分的明细支出，预计出支出总额与各部分的支出额度。预计销售收入与预计支出之间的差额就是预计利润。预算是企业材料采购、生产调度、劳动人事以及各项营销活动的依据。

第六步，控制。

控制就是对营销计划进行检查和控制，以监督计划的进程。企业必须设立检查时间和措施，及时掌控计划完成情况。如果计划进度滞后或遇到问题，企业可以通过对目标、战略或者各种行为的修正或调整来纠正这种局面。

为便于监督检查，企业应将计划规定的营销目标和预算按月或季分别制定，营销主管每期都审查营销各部门的业务实绩，检查是否完成了预期的营销目标。凡未完成计划的部门，应分析问题原因，并提出改进措施，以争取实现预期目标，使企业营销计划的目标任务都能落实到位。

这6个步骤环环相扣，企业如果能够一步一步地执行到位，那么营销策划不仅能更贴近现实，更能保障最后的完成结果与效果。

营销计划是指导和协调市场营销工作的核心工具

营销计划是指导和协调市场营销努力的核心工具。一般而言，营销计划的制订包括两个层次：战略营销计划和战术营销计划。战略营销计划是在分析当前最佳市场机会的基础上确定目标市场并提出价值主张。战术营销计划则描绘了特定时期的营销战术，包括产品特征、促销、销售规范、定价、销售渠道和服务等。

——科特勒《营销管理》

营销计划可分为战略营销计划与战术营销计划，前者是着眼于目标市场之设定，并制定相应的战略。战术营销计划则是在公司的大战略之下，制订各项营销活动的实施方案。

战略营销计划对企业而言是"做正确的事"，而战术营销计划则是"正确地做事"。在企业的实际经营过程中，营销计划往往碰到无法有效执行的情况。一种情况是战略营销计划不正确，战术营销计划只能是"雪上加霜"，加速企业的衰败；另一种情况则是战术营销计划无法贯彻落实，不能将战略营销计划转化为有效的战术。可见，战术营销计划充分发挥作用的基础是正确的战略。

战略营销计划关心的问题是"什么人""需要什么""什么时间""什么地点"以及"为什么"。只有在解决了这些问题之后，企业才能成功地实施战术环节的诸多个"怎么做"。

战略是全局性、深远性、纲领性的,战术则是局部性、短暂性、操作性的。市场营销的战略是稳定、发展、收割、撤退,而战术则是产品、价格、渠道、促销等。战略和战术既有本质区别,又密切联系,贯穿于市场营销活动的整个过程。战略是企业为实现长期营销目标而设计的行动规划,是企业的营销目标与具体战术的协调,是目标与手段的统一。战术作为战略的基础,既可以将各种因素综合运用,也可以根据企业情况和市场特点,有重点地运用其中一个或两个因素,设计或制定相应的战略。战术体现战略,战略凌驾战术。一个完善的战略的目的在于推动战术的运用。

市场营销计划几乎是所有企业的核心计划之一,它是指导和协调市场营销努力的核心工具。正确的市场营销计划往往能为企业的成功做出最基本的贡献。在制订营销计划时,企业要避开这样几个误区:

第一,过于理想、忽视对现状的分析。

很多营销主管在制订计划的时候,不重视数据的收集和信息的质量,过于理想化,在这一阶段所做的分析缺乏思考和推敲,这样得出的营销计划难保不出错误。有的主管甚至事先就已经决定了要采取的策略,在分析阶段刻意选择一些支持这些策略的数据,这更是一种不负责任、不职业的做法。

现状分析要求对上一阶段的营销工作进行全面的分析和反思,利用营销分析工具,确认当前的形势,对市场进行划分,对竞争者进行比较分析,对顾客的购买行为进行分析等。这方面的数据收集是十分必要的,而且应该保证数据的质量和数量,对这些关键数据信息的正确分析可以为制定有效的策略打下扎实的基础。

第二,营销计划制订得过于严苛或草率。

有的营销管理者对营销计划的制订过程要求苛刻,对每个阶段或者每部分的内容都追求不切实际的"完美"。我们知道，计划的本质是基于现有情况的分析和对未来进行的预测和部署。企业不可能对现有情况做到100%的了解，也不可能对未来的推断做到100%的准确。未来可能会有很多的情况变化是我们无法预知的。所以，制订营销计划的过程不可能完美，我们必须在有限的信息基础上制定尽可能合理的战略目标和方案。

还有的管理者制订营销计划的过程过于草率，在企业中常常出现这样的情景，总经理在年度营销总结会上宣布：明年我们的目标是较今年增长30%。如果要问这个30%是怎么来的，回答很可能是，因为今年我们增长了20%。很多企业的营销计划就是这么定下来的。这其实是一个误区，但也是我国目前多数中小企业制订营销计划的一个比较普遍的做法。这样草率的营销计划破坏性极大，可能给公司造成严重的失误，甚至带来灾难。

第三，缺少营销计划执行人员的参与。

很多公司在制订计划的时候，往往是高层管理者的"一言堂"，很少听取执行人员的意见和建议。其他的公司计划或许还好说，但是，营销计划如果缺少营销计划执行人员的参与，那结果将会很糟糕。营销计划是要用来指导营销实践，忽视了执行人员，那么这样的计划很容易脱离实际，难以落到实处去。

许多优秀的公司，比如艾默生电气集团崇尚的就是"计划者就是执行者"的理念，营销计划的制订者除了对营销负有最重要责任的营销部门以外，其他相关职能部门也会参与这一过程。这样的做法不仅提升了让执行部门的人员在管理和决策方面的参与满意度，而且大大提高了达成计划的积极性，它还可以充分借鉴一线经理们的经验和对市场的敏感、直觉、经验，增加计划的可靠性和可操作性。

第四，将战略营销计划与战术营销计划混为一谈。

这两者是不同的。战略营销计划一般时间跨度比较长，发生在更高级别的组织层次，目标和原则广泛适用于整个公司；而战术营销计划发生在业务单元这个层次，计划的时间通常是一年，不是一份方向性的文件，而是一份操作性的文件。只有弄清楚了这二者的区别，企业才不会把战术营销计划搞成一份空而泛的文件，而是对公司全年营销工作的目标、策略、执行计划有一个具体的描述。

第二章
先想"做什么",再想"怎么做"

优胜劣汰,规划出最佳的业务组合

在企业使命和目标的指导下,管理部门现在可以着手规划企业的业务组合。所谓业务组合,是指组成企业的业务和产品的集合。最佳业务组合是指使企业的强项和弱项最好地适应环境所提供的机会的业务组合。

——科特勒《科特勒市场营销教程》

科特勒指出,企业要规划出最佳的业务组合,需要从两方面着手:其一,分析现有业务组合,并决定对哪些业务追加、减少或不进行投资。其二,为业务组合中增添的新产品或业务制定增长战略。企业通过对各项业务进行评估,对赢利的业务追加较多的投资,而对软弱的业务则会逐步减少投资或者放弃。

科特勒认为通用电气就是一个很好的例子,它通过有技巧地规划并管理其业务组合,抛弃了许多业绩不高的业务,如空调、家居用品等,只保留了那些在行业中数一数二的业务,最终成长为世界上规模最大、赢利性最高的企业之一。

乔布斯曾说:"我们所需的只是四大产品平台,如果我们能够成功构建这些平台的话。我们就能够将A级团队投入到每一个项目中，而不需要使用B级或者C级团队。也就是说我们可以更加迅速地完成任务。这样的组织结构非常流畅、简单，容易看明白，而且责任非常明确。"当其他公司都在追求把产品做全的时候，乔布斯却一直在做着减法，规划苹果的最佳业务组合。

在乔布斯逝世之后，李开复在一次采访中曾经这样说过："乔布斯最狠的地方是他回苹果之后，砍了公司里杂七杂八的项目，他看到当时的苹果内部非常混乱，于是就非常简单地说：'我们只需要四个产品。'针对不同的用户，用四个产品规划了一个二乘二的矩阵，这是一个经典例子。"

当年乔布斯重返苹果后，他看到的是一家产品种类复杂、庞大的公司，苹果销售的产品大概有40种，涉及从喷墨打印机到Newton掌上电脑等各种产品。所有产品中很少有占领市场主导地位的。而且这些产品中的一类又有多个系列，每个系列又有十几种型号，不同型号产品之间的差别很小，名称让人困惑。乔布斯对此感到不可思议，他说："我看到的是数目繁多的产品。太不可思议了。于是我开始问公司员工，为什么推荐3400而非4400？为什么直接跳到6500，而非7300？3个星期后，我依然无法弄清楚到底是为什么。如果连我都无法弄懂这一点的话，我们的顾客怎么可能弄清楚？"

乔布斯提出："如果苹果公司要生存下去的话，我们就一定要砍掉更多的项目。我们要有焦点，做我们擅长的事。"

他在一次大型产品战略会议上喊道："这真是疯了。"他抓起记号笔，走向白板，在上面画了一根横线一根竖线，做成一个方形四格表。"这是我们需要的。"他继续说。在两列的顶端，他写上"消费级"和"专业级"。在两行的标题处，他写上"台式"和"便携"。他说，他们的工作就是做4个伟大的产品，每格一个。他开始了大刀阔斧地削减产品线，苹果公司的产品一下子被缩减到了4种。

此后，乔布斯也一直保持着产品规划的聚焦与集中。从他重掌苹果至他因病离任，苹果公司最多也只涉及六大产品：台式电脑、笔记本电脑、显示器、iPod以及iTunes。后来又增加了迷你Mac、iPhone和AppleTV以及一些附件。

在乔布斯看来，太多的公司把摊子铺得太大，它们生产大量产品，以降低风险，最终都流于平庸。而苹果公司的做法是聚焦、简化，把手中所有的资源集中在几样产品上，从而保持A级战斗力，让每一款产品都卓尔不群。

优胜劣汰是市场的游戏规则，同样，也是企业在规划其业务组合时的游戏规则。企业资源是有限的，如果什么都想做，反而什么都做不好，更不用说构建企业的核心竞争力。所以，企业必须像通用电气，像乔布斯那样，做减法，做规划，摒弃弱项，甩掉包袱，保留强项，并使之更强。

找准战略业务单位，力争数一数二

管理部门进行业务组合分析的第一步，是鉴定企业的关键业务，这些业务被称为战略业务单位。所谓战略业务单位，是指具有单独的任务和目标，并可以单独制订计划而不与其他业务发生牵连的企业的一个单位。战略业务单位可以是企业的一个部门或部门内的一个产品系列，有时可以是一种产品或品牌。

——科特勒《科特勒市场营销教程》

科特勒认为，很多大型企业往往都同时经营着一系列不同的业务，而且每项业务都有着独特的战略，像通用电气公司就曾把自己所经营的业务划分为49个战略业务单位。通常，战略业务单位具有以下3个主要特征：

第一，它是一项独立的业务或相关业务的集合体，而且在计划工作时能够与该公司经营的其他业务分离开来而单独编制计划；第二，它有自己的竞争对手；第三，它有专门的经理人员负责战略计划、利润业绩，而且该经理可以控制对利润产生影响的大部分因素。

对企业的关键业务进行鉴定，是为了制定独立的战略，并分配适当的资源。在公司的业务组合中，既有昨天的辉煌业务，也有明天可以支撑企业生存或成长的业务，既有价值潜力巨大的业务，也有鸡肋型的业务。企业需要对这些业务一一进行鉴定区分。

一般来说，企业的业务单位可以简单地划分为四大类：

一是问题类。这一类"战略业务单位"是高市场增长率和低相对市场份额的，多数"战略业务单位"最初都处于这一类。该类单位需要大量资金，因为企业要进一步提高这类业务单位的相对市场份额。因此企业的最高决策者要慎重考虑经营这种业务单位的获利性，以做出正确的决策。

二是明星类。问题类的"战略业务单位"如果经营成功，就会转入明星类。这一类单位是高市场增长率和高相对市场份额的单位。这一类单位因为迅速增长，同时要击退竞争对手的攻击，投入也会是巨大的。由于产品都有其生命周期，这一类单位的增长速度会慢慢降低，最后就转入金牛类。

三是金牛类。明星类的"战略业务单位"的市场增长率下降到10%以下，就转入金牛类。金牛类的"战略业务单位"是低市场增长率和高相对市场份额的单位。这一类单位因为相对市场份额高，赢利多，现金收入多，可以为企业创造现金流。企业可以用这些现金来支援其他业务单位。

四是瘦狗类。这是指低市场增长率和低相对市场份额的单位，赢利少或亏损。这类业务一般不在保留之列。

在将企业的业务单位进行区分之后，企业需要制订业务组合计划，并确定对各个业务单位的投资战略。企业通常采用以下4个战略：

一是发展策略,即提高产品的市场占有率,有时甚至不惜放弃短期收入来达到这一目的,因为提高市场占有率需要足够的投资和时间才能奏效。

二是维持策略,也就是保持业务的地位,维持现有的市场占有率。在产品生命周期中处于成熟期的业务,大多数采用这一策略。

三是收缩策略,即追求业务的近期收入,不考虑长期影响,这是为了短期内增加投资收益率而牺牲长期收益的做法。

四是放弃策略,也就是出售产品不再生产,把资源抽出来用于其他业务。这种策略适用于没有太大发展前途的瘦狗类或问题类业务。

企业要找准自己的关键业务,除了从目前各业务的市场增长率和相对市场占有率去判断外,还要重点考虑两大因素,一个是行业吸引力,这取决于行业市场规模、市场增长率、利润率、竞争激烈程度、周期、季节性、规模效益等因素。另一个则是企业战略业务单位的业务力量,也就是竞争力,它包括了相对市场占有率、价格竞争力、产品质量、顾客了解度、推销效率、地理优势等。从这些角度出发,企业可以甄选出最值得投入的战略业务单位。

企业目标不是成长,而是赢利性增长

如果企业想更有效地进行竞争,满足其股东的需要,吸收高层人才,那它就需要高速的增长。企业应小心,不要将成长本身设为一个目标。企业的目标必须是"赢利性增长"。

——科特勒《科特勒市场营销教程》

"企业目标不是成长,而是赢利性增长。"——科特勒的这一提醒很值得企业去深思。许多企业,特别是熬过生存期进入成长期的企业,往往会过度地追求将企业做大,一心想要四面出击,快速扩张。表面上看,企业规模一天比一天大,员工人数一天比一天多,貌似蒸蒸日上,但实际上,很多都只是假象,企业的确在成长,但却不是"赢利性增长"。成长如果只有速度,而没有质量,那么对企业来说不是福,反是祸。

赢利性增长是一种理性健康的成长,它在注重发展速度的同时,更加注重发展质量。当量的追求与质的目标发生矛盾时,企业应始终坚持质量优先、效益优先,确保赢利性增长。与其盲目地多点出击,全面开花,企业不如通过加快技术进步,调整改善结构,全面推进精益管理,加强全价值链成本管理控制,提高投入产出效率,改善各项业务的收益性,提升整体的赢利能力。

那些卓越绩效型的企业指的是能有效地平衡当前需求和未来机遇,在收入、利润增长和股东回报方面持续超越竞争对手,并能在历经了时间、业务周期、行业分化和领导层更替等考验后持续保持绝对优势的企业。

贝恩管理咨询公司在2012年5月曾发布一份研究报告称,企业要想获得持续的赢利性增长,就应围绕正确的核心业务进行扩张,而不是单纯追求扩张的速度和广度。贝恩对12个发达和新兴经济体超过2000家公司进行了研究发现,企业为了追求新的增长点,往往会受盲目多元化策略的驱使,将最多的资源投入到实力最弱的业务中,而忽略甚至过早放弃了强大的核心业务。贝恩通过这次研究指出,强大的核心业务是企业获得竞争优势的关键来源和取得领先地位的根本因素,深耕核心业务是发掘潜在利润的有效手段,也是成功实现业务扩张的最佳经营之道。调查还表明,在那些创造的价值持续超越资本成本的企业里,95%都是其各自核心业务领域内的市场领导者。

需要注意的是,核心业务不能狭义地定义为企业销售的主要产品和服务,或是所在的主要市场。其定义应更为广泛,通常由几项资产和能力构成,包括品牌、知识产权和人才等无形资产，以及差异化生产系统和技术、以客户为导向的创新体系、最佳的供应链管理以及世界一流的营销能力等。

很多企业家喜欢为"做大还是做强"而争论，有的人认为他们的企业必须做到最大，才能做到最好。为什么这么多企业对规模如此看重？因为规模自然可以带来生产效率的提高，这也就意味着更强的品牌效应和更大的市场份额，而且更有能力应付愈演愈烈的外来竞争，用一些企业家的话来说就是："大到让别人无法吃掉你。"

这样的观念，在一个静态的市场或许适用，但在当下这样一个竞争格局中，所谓的"规模经济"效应往往很难发挥出来。市场环境瞬息万变，新技术和竞争对手层出不穷，客户的需求也在不断改变，很多规模庞大的企业反而无法迅速做出反应，导致企业绩效严重下滑，这种现象被经济学家们称为"规模不经济"。

很多原本走专业化路线的企业，由于过于追求"做大做强"，反而陷入了泥沼之中。而能冲破盲目扩张的误区，坚持赢利性增长的企业，方能更健康、更平稳地发展。

企业3种通用战略：总成本领先、差异化和聚焦

企业的通用战略可归纳为3种类型：总成本领先战略、差异化战略和聚焦战略。这为公司进行战略性思考奠定了基础。

——科特勒《营销管理》

科特勒所提及的"总成本领先战略、差异化战略和聚焦战略"源自于迈克尔·波特的三大竞争战略理论。

第一，总成本领先战略。

实施这一战略的企业往往努力实现生产成本和分销成本的最小化，以便能够以低于竞争对手的价格获得较大的市场份额。如果消费者对价格很敏感，产品和服务的价格弹性较大，那么

努力获取成本优势、成为行业中总成本最低的公司不失为一种好的竞争途径。总成本领先战略一般在以下情况时更容易获得成功：

市场上的产品或服务基本上是标准化的，而且产品或服务差异化的途径并不多；

行业中各公司的价格竞争十分激烈；

价格是决定顾客购买的主要因素，价格弹性较大；

顾客转换供应商或品牌基本不需要什么成本，而且顾客有很强的价格谈判能力；

竞争对手在相比之下，获得低成本的优势并不容易，而且也难以模仿到降低成本的方法。

总成本领先战略有两种基本方式，一是利用成本优势及产品、服务的价格弹性，以低于竞争对手的价格吸引顾客；二是保持现有的价格及市场份额不变，同时通过提高单位产品和服务的利润率来提高公司的总利润。像美国西南航空公司就是成功实施总成本领先战略的代表。

这一战略的确是许多公司攻城略地的有力武器，但它同时具有很大风险。这主要体现在：

一是容易被后来者模仿，使企业深陷价格战中不能自拔，导致极低的利润率；

二是公司过分追求低成本，而忽视了对顾客需求趋势的关注与跟进，使得低廉的产品或服务再也难以吸引顾客，或者顾客转向那些差异化、高质量、高价值的产品与服务，使得低成本优势失去意义；

三是在向国际市场扩张时，外国政府为了保护本国市场，很可能对低价商品发起反倾销调查，近年来中国纺织品、鞋类产品、家具、家电等公司在国际市场遭遇的反倾销调查及配额设限就是明显的例子。

所以，总成本领先战略有利有弊，企业应在此基础上，尝试建立新的竞争优势，如通过产品、服务、技术或者经营模式的创新来提高公司的赢利能力与水平。但无论如何，不管企业实施何种战略，成本控制都是必需的。

第二，差异化战略。

差异化战略的核心是向顾客提供对顾客来说有价值的、与众不同的、具有独特属性的产品或服务。采取这一战略，企业需要确保自己的产品或服务的差异化特征必须是顾客认为有价值的，必须与竞争对手的同类产品或服务有明显且容易辨识的区别，而且这种差异化还不容易被竞争对手模仿或复制。

持久的差异化，尤其是建立在产品革新、技术创新、优质的顾客服务基础之上的差异化优势，跟公司的核心能力和竞争力往往有着密切的联系。

企业实行差异化的途径有很多种，例如，产品差异化、服务差异化、渠道差异化、采购差异化、制造差异化、形象差异化，等等。

在市场需求快速变化、顾客日益追求个性的现代社会，产品或服务的差异化战略已经成为许多公司追求的首选竞争战略。

第三，聚焦战略。

这一战略是指公司把力量集中在一个或几个范围相对较窄的细分市场上，在该特定市场建立起竞争优势，比竞争对手更好地服务于这一特定市场的顾客，并以此获取高的收益率。聚焦战略可以是聚焦于某一特定的顾客群，或是某一特定的市场区域，或是某特定用途的产品等。

尽管公司舍下整个市场，而取其中一个细分市场，但由于可以集中资源和精力向特定的顾客提供更好的产品和服务，因此公司仍然可以通过聚焦战略获得超过平均水平的收益率。在以下这样几种情况下，聚焦战略更容易获得成功：

公司所聚焦的目标市场足够大，而且具有较大的增长潜力，能够保证公司的赢利；

行业中有多个细分市场,而且没有一家公司有足够实力全面进入各个细分市场;

公司具备服务于某个特定聚焦市场的资源和能力;

公司所聚焦的这块市场不是行业中主要竞争者的重点市场,或者这些竞争者在该市场没有很强的竞争优势。

在进入目标市场后,企业要尽快通过聚焦战略建立竞争优势,构筑一定的进入该市场的壁垒,以防御后来的挑战者和潜在的进入者。

"产品—市场"扩展的四步走战略

公司应该考虑:在现有市场上,现有产品是否能够获得更多的市场份额(市场渗透战略)。之后,应该考虑的是能否为现有产品开发新的市场(市场开发战略)。然后,应该考虑的是能否在现有市场上开发出新的产品(产品开发战略)。最后,再去考虑是否存在为新市场开发新产品的机会,即多样化战略。

——科特勒《营销管理》

科特勒从产品和市场这两个维度,提出了四步走的战略——

第一步,市场渗透战略是指现有的产品在现有的市场上,思考如何以更积极的方法提高销量,例如,吸引竞争者的顾客,增加那些游离型顾客的消费忠诚度,或者鼓励增加顾客购买的次数与数量,等等。

第二步,市场开发战略是指企业以现有产品在新的市场中营销以提升销量,例如,开发新的地理市场,开发新的销售渠道,开发新的目标市场,或者实现不同目标消费者的交叉销售,等等。

第三步,产品开发战略是指在现有市场上推出经改良的或新的产品,以提高销量。例如,发展新产品特性或内容,创造不同等级品质的产品,改变原有产品模式或大小,或者将不同产品或服务进行捆绑销售，等等。

第四步，多样化战略是指开发新的产品并满足新的目标市场的需要。例如，开发与现有产品相关的新产品并吸引新的目标客户，或者跨行业多元化，等等。

这样一步步地推进，能让企业的发展更为平稳，不至于因为扩张过快、过度而跌入险境中去。而且，通过这样的四步走战略，能让企业充分发掘产品与市场中的机会。

有"中国品牌先生"之称的营销专家龚文祥先生，曾经列举过他在大学时代利用"产品—市场"四步走的战略经营一家教中心的真实案例。

当时，龚文祥先生通过竞选成了武汉大学管理学院学生会下设的一个家教中心的主任。他为了将这个家教中心真正做起来，就用上了"产品—市场"扩展的战略，做到了在不投入任何资金的前提下扩大业务，实现赢利。

第一，市场渗透战略。

通常大学生找家教工作的方法就是做一个小广告，然后在人流量大的地方蹲守，吸引有需求的家长们的注意。那时，这样的蹲守摊点随处可见，怎样才能在现有服务、现有市场的前提下获得更多的家教业务呢？龚文祥的方案是这样的：

首先，利用"明星"效应。武汉大学有好几个省文理科状元，龚文祥请出他们现身说法拉家教，海报上打出鲜明的一条："省文科状元做你孩子的家教"。冲着"状元"两个字，望子成龙的家长纷纷涌过来。

其次，利用家长心理附加值竞争。当时武汉有报纸开始关注和报道大学贫困生的问题，龚先生在联系了一批品学兼优的贫困学生后，在家教海报上加上一条"名牌大学贫困生欲做家教"。很多家长反正总是要请家教，他们更倾向于请一个家庭确实有困难的大学生。因为这样的学生有生计的压力，在辅导孩子时会更尽心。

最后，直接争夺竞争对手的客户。凡是在其他摊点咨询过的家长，都是有意向请家教的，在他们咨询过不满意离开后，龚文祥这边再上前拉他们到自己这边的摊点来谈。凭武汉大学在武汉的名气，业务又大大提高了一步。

第二，市场开发战略。

龚文祥想到，同样是做家教业务，除了将业务在地理位置上从武昌扩大到汉口外，还可以拓宽几条销售渠道以大大增加成交量。传统的家教业务大都在商场门口摆摊设点，而龚文祥则在同学的帮助下，到其他的目标对象集中的地方摆摊设点拉业务：学校门口，摆摊时间设在家长接小孩放学时，还未放学的等待时间效果最好；大型菜场集贸市场门口及住宅小区门口、公园门口等。

第三，产品开发战略。

传统的家教概念就是为中小学生请一个大学生来家里教课。当时在龚文祥所负责的家教中心登记的大学生有几百个，而能找到的家长有限，于是他思考如何针对中小学生扩大家教服务范围来增加业务，他是这么做的：

首先，开设钢琴、舞蹈、书法、绘画等兴趣类的专业家教项目。大学除了艺术系的大学生可以揽下以上专业方面的家教，校园里其他获得了各种等级证书的大有人在。而专业家教确实一直都是一个家长关心的热点。只需将这些大学生证书的复印件摆摊拿出来，就能吸引很多家长。

其次，开发"周日校园家教"项目。开发新的家教服务项目需要潜心关注市场的需要，并适时推出。比如龚文祥碰到的一个家长说他的小孩学习成绩很好，他只是想小孩从小就多感受名牌大学的气氛。于是他就推出了"周日校园家教"项目，改变了大学生上门服务的传统，将孩子们带到武汉大学来上家教课，顺便可以接受名校的熏陶，这个点子一推出就大受家长欢迎。

最后，开发奥林匹克竞赛等高端家教项目。一般家长只有孩子成绩不好才请家教，但也有一部分家长是为了让孩子优异的成绩好上加好，或者为了备战奥赛，而武大恰恰有很多在奥赛上拿过全国前几名的大学生，他们是最好的奥赛家教老师。这一类需求虽然不大，但是属于高端一类，家教的收费和中介费也是普通家教的好几倍。而且，这个业务一开展，几乎是供不应求。

第四，多样化战略。

家教多样化经营的关键是能跳出中小学家教的限制，吸引成年人这类新的目标客户。这类市场有着很大的商业价值。比方说，开发TOEFL、GRE等高端家教服务项目，开发小语种家教市场项目，开发自考、考研家教项目，等等。

通过这一系列的革新与拓展，龚文祥将这个家教中心做得风生水起，他因此成了当时武汉最大的家教中间商。

这个案例虽然只是一个小小的家教中心的发展经验，而且时间上也很久远了，但是，龚文祥在其中运用到的很多"产品—市场"扩展的战略战术以及思路模式都很有借鉴意义。一个家教中心在这四步走的战略指导下，都能想出这么多的良方对策，更何况是一个企业呢？只要用好了这四步扩展战略，企业就不愁没有生路。

小企业也能从健全的战略规划制定中极大地获益

对战略规划制定的许多讨论，都集中于有许多部门、许多产品的大企业。但是，小型企业也能够从健全的战略规划制定中极大地获益。尽管绝大多数小型企业开始时总会指定大量的业务和营销计划，但是当小企业发现其负债太多，或增长超过生产能力，或市场份额正丢失给价格更低的竞争者时，它该怎么办？战略规划制定能够帮助小企业的经理们预测这些情况，以及决定怎样避免或处理这些情况。

——科特勒《科特勒市场营销教程》

战略规划，对于大企业而言是必要的，对于小企业而言同样是不可或缺的。健全的战略规划能让小企业获益良多。科特勒曾举过俄亥俄州的金斯医疗仪器公司的例子。

这家公司经营的是核磁共振成像设备，也就是每套价值100多万美元的X光片拍摄仪器。威廉·帕顿博士是这家公司的顾问和"规划大师"。他指出，战略规划是小企业成长和实现高额利润的关键。他说："许多书上都认为对小企业来说有至关重要的三点：现金流量，现金流量，还是现金流量。我同意这些都是非常重要的，但是还有另外三点也同样重要，即规划，规划，再规划。"在他的建议下，这家公司使用简单的战略计划工具每三年就会制定并修正一次公司的战略路线。这家公司的战略规划过程包括这样的六步：

1. 分析公司前几年经营所处的商业环境中的主要因素。
2. 依据公司在未来两到3年的目标来定义公司的任务。
3. 分析会影响公司任务的内部和外部力量。
4. 找出能指导公司未来的基本驱动力量。
5. 制定长期目标，用来指明公司在未来想成为什么样的公司。
6. 将长期目标分解，制定出行动计划大纲。

金斯医疗仪器公司正是通过这样3年一规划、3年一修正的方式实现了公司业务的持续稳定增长。

中小企业战略规划的制定的确不同于大企业，这是由其企业特点决定的。但这并不是说，战略规划对中小企业没有多大意义。一提到企业战略规划，人们就觉得好像是大企业的事。由于自身在资金、人才等方面的不足，中小企业一般不轻易涉足退出障碍比较高的行业。一旦遇到市场风险，便匆匆地临时应对，实在没办法，就退出市场。很多中小企业缺少一个长远规划。据调查，中国中小企业与美国的中小企业相比，后者的平均寿命是 7 岁，而前者的平均寿命仅仅 2.9 岁。很多快速成长的中小企业由于战略定位不清晰都走向了高度多元化的道路，结果造成企业资源分散、缺乏市场竞争力。

在中小企业，许多老板集中了经营管理过程中所必需的各种决策权力，他们总觉得没有必要建立复杂的组织机构。同时，中小企业多处于创业初期。资金上的困难迫使中小企业保持组织结构的简单，并压缩开支。组织结构简单了，决策权就集中了。所有权与经营权被统一起来了。决策权、指挥权与监督权划分得不明确，使得企业在考虑长远战略规划时，受经营者的影响很大。如果经营者的能力有限的话，那么企业发展到一定规模时便会遭遇成长的天花板现象。

中小企业战略失败的主要原因，往往就在于企业领导对战略管理的价值认识不够和企业专业管理人员的缺乏，这种情况约占企业战略管理失败的 60% 以上。总的来说，国内的企业在战略规划上常见这样几大误区：

一是缺乏长远发展规划，战略变化太过于频繁。

二是盲目跟风，追逐市场热点，使得企业的投资过度多元化。

三是战略决策随意性较大，没有一个科学有效的战略管理和信息化管理体系。

四是缺乏对市场和竞争环境的认识和分析，缺乏量化的客观分析。

五是企业战略计划流于书面形式，没有明确的切实可行的战略目标。

六是企业战略计划难以得到中高层的有力支持，也没有具体的行动计划。

小企业应避免这几点，不必盲目地效仿大企业去做战略规划，要从自身实际出发，结合自身的优势与长处，例如经营机制灵活、劳动力成本低、敢于冒险开拓等，来制定最适合自己的企业战略。

第三章
营销管理，把战略计划落到实处

从营销角度出发 CEO 可分成 4 种类型

根据经营一家公司时思考营销的不同角度，我把 CEO（首席执行官）分成 4 种类型——"1P 式 CEO" "4P 式 CEO" "STP 式 CEO" "ME 式 CEO"。

——科特勒《世界经理人》采访

科特勒从营销角度区分 CEO 类型的方法新颖而有趣。他认为，根据思考营销的不同角度，CEO 主要有四种类型：

第一类 CEO 是"1P 式 CEO"，他们把营销看作 1 个 P 的职能，这个 P 就是促销，也就是通过各式各样的促销手段，例如拼价格、买赠、加大人员推销力度等方式来达成营销目标。这类型的 CEO 看待营销的视角是极为狭隘的。

第二类 CEO 是"4P 式 CEO"，他们能够制定较为完善的营销计划，重视产品、定价、渠道、促销这四者的每一个环节，这样的 CEO 已经具备了一定的营销水准。

第三类 CEO 则是"STP 式 CEO"，他们冷静而理性，在 4P 之前，他们会先对市场进行细分，选择最适合自己企业的目标市场，然后进行定位和差异化。这是睿智型的 CEO，在他们眼中，战略性营销要优先于策略性营销。

第四种CEO是"ME式CEO",其中"ME"代表"营销就是一切"(Marketing is everything)。这类CEO深知营销对企业的意义与分量,他们在运营企业时,一切以营销为先,一切以营销为重,他们会调动上下所有人员,为企业的营销目标服务,打造出全员营销型的企业。这样的企业在市场竞争中无疑会拥有更强的竞争力和更好的发展前景。

所有的CEO,如果想要企业获得长足的发展,在市场中有持续的、上佳的表现,就都应该从"1P式""4P式"向"STP式""ME式"转变,最终站稳在"ME式"的层级上。坚持这种"营销就是一切"的理念,CEO是有可能将一个企业带向全新天地的。

比方说,雅芳最令人瞩目的女性CEO钟彬娴,她在接掌雅芳帅印时,这家公司正遭遇巨大危机,业绩极度下滑,股票一落千丈,公司很不景气,原来的CEO查尔斯·佩林引咎辞职。钟彬娴接下这个"烫手山芋"后,展开了一系列以营销为核心的变革,她亲自主导,大刀阔斧地重新创建雅芳的营销体系,除了雅芳的原则、价值和公司的诚信,钟彬娴几乎改造了一切,用她的话说就是——"这个品牌,它的形象、生产技术、销售渠道、激励体制、价值链,以及企业更高效的运作方式、赢利方式都变化了,现金流也变化了。"从营销入手的这一场大变革,使得雅芳这个百年公司重新焕发生机,它不仅走出了低谷,而且股价上涨达23%,年营业额超过60亿美元,还被《商业周刊》评为全球"最有价值的品牌"百强之一。

还有飞利浦公司也是如此。飞利浦旗下各个事业部都设立有一个首席市场官(CMO)。公司还规定,所有业务部门的主管都要有市场营销背景。在中国市场,飞利浦专门成立了"飞利浦中国市场营销委员会",由各个事业部总经理组成,高度重视市场,全力为顾客实现价值创新。在新技术革命的浪潮冲击每一个生产领域的时候,飞利浦能够抢先向市场提供新设备、新材料、新的消费品，并因此赢得顾客，赢得市场。在实施技术创新时，飞利浦坚持将技术与市场的需求，与顾客的要求相结合。不管是意见和建议，还是抱怨或投诉，飞利浦都会真诚地听取这些来自顾客的声音，他们坚信，顾客所反映的正是公司需要寻找和解决的不足之处，搜集顾客的抱怨和意见来改进产品正是产品适应市场的过程。飞利浦会以最快的速度、最先进的技术来实现用户需求的满足。

营销是一切企业活动的核心。企业核心竞争力的构建和提升，离不开对市场的了解、开拓和占领，离不开消费者的喜好和认知。企业的CEO应当以营销为中心，以市场为导向，以顾客价值的提升为方向，这样才能争取到更多的优质顾客，赢得企业的成功。

杰出营销的关键不在于做什么，而在于做成什么

一个杰出营销企业，它的杰出并不在于"它做什么"，而在于"它做成什么"。营销执行是一个将营销计划转变为具体任务，并确保按计划要求实现目标的过程。如果执行不力，一份出色的战略营销计划就毫无价值。

——科特勒《营销管理》

科特勒认为，在营销活动中，战略解决"是什么"（what）和"为什么"（why）的问题；而执行解决"谁"（who）、"何地"（where）、"何时"（when）、"如何做"（how）的问题。它们是密切联系的。有关管理实践的研究表明，持续的高绩效往往依赖于充分的执行能力、着眼于高目标的公司文化、灵活的组织结构和明确而聚焦的战略方案。

有一个真实的案例很多人都曾经听过——

一家工厂破产后被日本某企业收购。厂里的人都翘首盼望着日方能带来让人耳目一新的管理方法，让这家厂子起死回生。但出人意料的是，日本企业收购后什么都没有改变，制度没变，员工没变，机器设备也没变。日方只立了一个规矩：把先前制定的制度坚定不移地执行下去。结果不到一年，这家工厂就扭亏为盈。这其中的关键在哪里？两个字——执行，把已定的制度规则全部执行到位。

营销的战略制定得再怎么尽善尽美，没有有效的执行，它就只能是镜花水月。杰出的营销不仅要能明确做什么，更要能做成，能执行，能将战略和计划"兑现"。

杰克·韦尔奇有一次到中国演讲，台下的很多企业家听后觉得有些失望，好像没取得什么真经，没什么新意，就对杰克·韦尔奇说："你所说的这些常识我们都知道。"杰克·韦尔奇则回应说："你说得对，这些原则你们都知道，但我做到了。"

任何企业要发展壮大，必须在每一个环节、每一个阶段都做到一丝不苟，否则，一个环节、一个岗位、一个人员出了问题，就会像烂苹果一样迅速将箱子里的其他苹果腐烂掉，影响其他的环节，这样企业的发展也会被慢慢腐蚀掉。

企业中执行不力的"烂苹果"必须剔除，否则企业无法变强。杰克·韦尔奇对待公司中的"烂苹果"就从不手软，他的做法是——"每年，我们都要求每一家 GE 旗下的公司为他们所有的高层管理人员分类排序，其基本构想就是强迫我们每个公司的管理者对他们领导的团队进行区分。他们必须区分出：在他们的组织中，他们认为哪些人是属于最好的20%，哪些人是属于中间大头的70%，哪些人是属于最差的10%。如果他们的管理团队有20个人，那么我们就想知道，20%最好的4个和10%最差的两个都是谁，包括姓名、职位和薪金待遇。表现最差的员工通常都必须走人。"将"烂苹果"挑出来,就是为了保证整个团队的执行力。

马云曾经说过:"比起一个一流的创意、三流的执行,我宁可喜欢一流的执行、一个三流的创意。"什么是一流的执行力?按培训师余世维的观点,执行力就是保质保量地完成自己的工作和任务的能力。这中间有4个字最为关键,那就是保质保量。把战略和计划保质保量做下来,这就是执行力。

执行力是企业的核心竞争力。有执行力的企业会在市场竞争中获得成功。企业能够赢得市场,站稳脚跟,完美执行是其制胜的法宝之一。执行不到位,营销战略就会打水漂;执行不到位,客户就会对企业失去信心;执行不到位,企业就难以将构想变成现实。"做成什么"比"做什么",更能决定企业营销的成败,更能决定企业的生死。

企业应该在短中长3个规划期的视角下进行管理

我们认为,企业需要制定3个层次的规划:短期、中期(3至5年)和长期。在常态时期,每家企业都应该将其项目和措施放进3个方框里:短期、中期和长期。一家企业可能会将50%的项目放入第一个方框,30%放入第二个方框,20%放入第3个方框。如果第3个方框中一个项目都没有,它就不是一家拥有大胆创新意识的富有挑战性的企业!

——科特勒《混沌时代的管理和营销》

科特勒指出,在常态时期,很多企业都能准备好3个方框,做好短中长期的规划,但当企业受到动荡冲击时,许多企业可能就会改变这些比重。惊慌失措的企业很可能会将全部资源都投入到短期项目中去,甚至会放弃很多短期项目,而对于中长期项目,他们则很难顾得上了;而冷静的企业在将主要精力投入短期项目的同时，可能会继续开展中期规划中的一些项目，但很可能没有时间去关注长期规划的项目了。只有那些明智的企业会继续原有的规划，在3个方框中都保留一些项目，尽管数量上会有所减少，但绝不会放弃中长期的规划。科特勒认为，冷静的和明智的企业，特别是明智的企业，更有可能在动荡冲击之下生存下来，而且还会拥有长远而强劲的未来。

明智的企业会在短中长3个规划期的视角下进行管理。员工会被长期规划的愿景所激励，也会被中期规划的挑战所推动。不仅员工是如此，其他的利益相关者，像供应商、分销商、投资者等，也是如此。

有一位管理大师曾说过这样一句话："既要有'近忧'，又要有'远虑'。在做决策的时候，必须将长远发展与权宜之计通盘考虑。"一个企业如果缺乏长期规划，其短期效益的取得未必能够给企业带来正面的影响，甚至有可能成为发展的包袱。

很多企业不缺长期规划，只是在忙于实现短期、中期规划的过程中，渐渐偏离了长期规划。时间长了，长期规划就变得模糊，甚至是面目全非了，结果有的企业就干脆放弃了长远规划，走一步算一步。

作为管理者，他的特定任务在于，首先他要规划出一个整体目标，并使得整体目标的绩效大于部门目标的总和，同时要保障整体目标的顺利实现；其次，管理者要深入分析每一项决策和行动的可行性，并有效协调近期目标和远期目标，不能顾此失彼。

倘若管理者没有远虑，不能规划好企业的长期目标，那么企业在市场中很容易陷于被动地位。管理者在做出企业决策的同时，必须将长远发展与权宜之计通盘考虑。管理者要将近期和远期作为两个时间维度，即使不能使两个维度的决策保持一致，至少要在两者之间找到一个平衡。的确，有时候，企业不得不为了当前利益而牺牲未来,但必须把握好这种牺牲的尺度,如果当前的利益将为未来埋下巨大的隐患,甚至危及企业的长远发展,那么,这样的当前利益就不可取。集中精力完成重要的短期目标,同时不断密切关注长期远景,这样的公司才能实现非凡的收入增长。

策略趋同:任何行之有效的营销策略都会被模仿

  今天的市场没有永远的赢家。随着市场和技术变化的日新月异,营销战略过时比以往快得多。任何行之有效的策略都会被模仿。正是这样的"策略趋同"造成了"策略无效"。公司必须向他们的竞争者和世界级的企业看齐以确保核心业务的竞争力。企业的战略思维不仅包括对现在境况的判断,更应包括对未来可能的情形及其对企业影响的设想。

——科特勒《科特勒说》

  2011年科特勒考察三一重工时曾说过这么一句话:"5年内,如果你在企业经营方式上一成不变,那么你最终将会被市场淘汰。"之所以会如此,是因为现在的市场、技术、环境变化太快了,尤其是网络发展起来后,基本上这一刻什么概念流行起来了,下一刻就有人跟风甚至超越了。就如科特勒所言"任何行之有效的策略都会被模仿",有了"策略趋同",就会造成"策略无效"。

  伴随着技术的突破、新的竞争同盟、消费者需要和偏好的变化等等因素的多变,一个已经在市场上确立其地位的企业都有可能在一夜之间被挤垮。企业要在竞争中生存下来,在营销策略上创新是必需的,但仅仅创新又是不够的,因为很容易被别人跟风模仿,企业必须持续不断地对其营销策略进行创新,而不能停留在过去取得的一两次成绩之上。

有一个故事,流传很广,很多人对这个故事几乎是耳熟能详,但这个故事很能说明"持续创新"的重要性。

在某山区,乡民们很多都靠山吃山,开山为生,他们将山上的石块砸成石子运下山去,卖给建材商。而其中有一个年轻人却从不这么做,他直接把石块运到码头,卖给外地搞园林建筑的商人。因为这儿的石头总是奇形怪状,很有观赏性,他认为卖重量不如卖造型。于是,3年后,他成为村里第一个盖起瓦房的人。

后来,山区不许开山,只许种树,于是这儿又成了果园。等到秋天,漫山遍野的鸭梨招来八方商客,商客们把堆积如山的鸭梨成筐成筐地运往大城市,有的还通过港口销往国外。因为这儿的梨汁浓肉脆,鲜美无比,所以客商络绎不绝。就在村里人为鸭梨带来的小康生活欢呼雀跃时,曾经卖石头的那个年轻人却卖掉果树,开始种柳。因为他发现,来这儿的客商不愁买不到好梨,只愁买不到盛梨的筐。5年后,他成为第一个在城里买房的人。

再后来,一条铁路从这儿贯穿南北,北到北京,南抵九龙。小山区更加开放,果农也由单一的卖水果开始涉及果品的加工及市场开发。就在一些人开始集资办厂的时候,这个年轻人在他的地头砌了一座3米高百米长的墙。这座墙面向铁路,背依翠柳,两旁是一望无际的万亩梨树。坐火车经过这儿的人,在欣赏盛开的梨花时,会清晰地看到墙上的4个大字——可口可乐。据说这是五百里山川中唯一的广告。这个年轻人凭着这墙,每年凭空多出了几万元的额外收入。

有一次,日本一家公司的负责人山田来华考察。当他坐火车路过这个小山村时,听到这个故事,他被主人公罕见的商业头脑所震惊,当即决定下车寻找这个人。当山田找到这个人的时候,他正在自己的店门口跟对门的店主吵架,因为他店里的一套西装标价800元时,同样的西装对门就标价750元;他标价750元时,对门就标价700元。一个月下来,他仅仅批发出8套西装,而对门却批发出800套。山田看到这情形，以为被讲故事的人骗了。但当他弄清楚事情的真相后，立即决定以百万年薪聘请他，因为对门那个店也是他的。

这个人所做的就是不停地在营销策略上进行创新。别人开山卖石子，他就卖整块的石头；别人卖鸭梨，他就卖柳筐；别人办工厂，他就做广告；就连开店，他都一明一暗开两家，抬着扛地卖。他的任何一步策略其实后来者都可以很快地加以模仿，但关键在于，他从不给别人模仿他的机会，他不断地更新自己的策略，不断地创新，别人想跟都跟不上。

企业也应该如此，如果是营销战略的引领者，那么，应不断地提升并尝试新的营销策略，不应止步不前；如果是营销战略的跟随者，那么，不能东施效颦，而应该借鉴性地学习，选择性地采纳。很多企业为了提升自身的营销能力，会以巨额的成本去购买一些领先企业的成熟制度或战略模式在本企业实施推广，但这样的标杆学习方式往往效果并不好。盲目地模仿别人的战略和策略成功率并不高。

策略趋同带来的结果就是竞争恶化，利润锐减，赔本赚吆喝。正是在这些策略趋同的悲剧下，使策略倡导者变成后来者的垫脚石，更使战略追随者变成了无头苍蝇，最终搅乱的是整个行业的氛围和风气。所以说，企业要根据自己的实际情况进行策略的创新，并且要不断地创新，真正做到"人无我有、人有我优、人优我新，人新我变"。

第四篇

消费者：企业存在的目的与根基

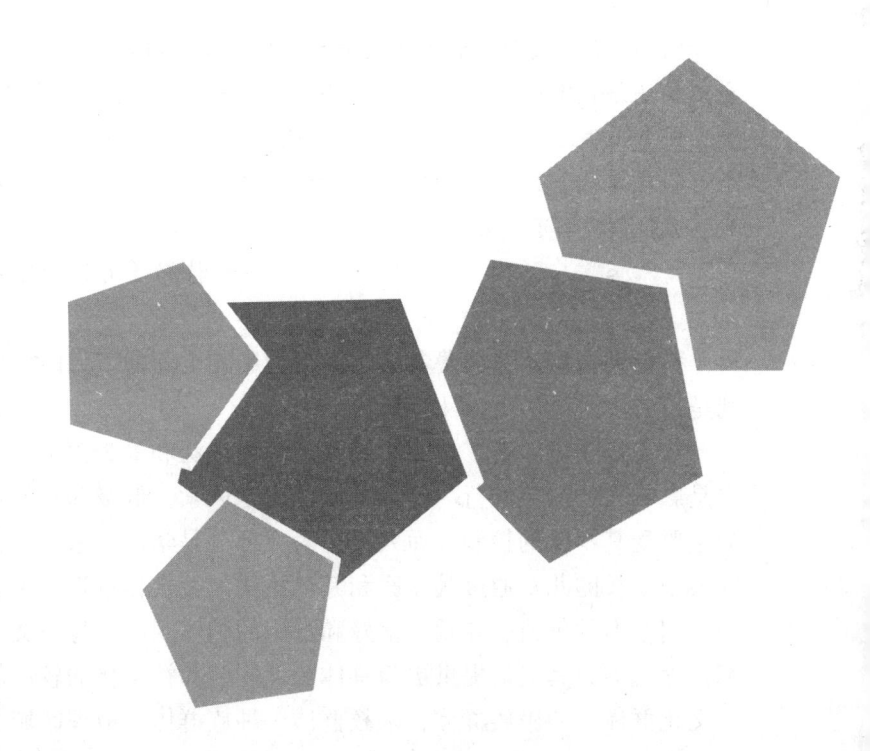

第一章
顾客为什么购买：
影响消费者行为的因素

消费者的购买行为受文化、社会、个人因素的影响

购买者行为受到3种主要因素的影响：文化因素（文化、亚文化和社会阶层）、社会因素（相关群体、家庭、角色和地位）、个人因素（年龄、生命周期阶段、职业、经济环境、生活形态、个性和自我观念）。所有这些因素都为如何更有效地赢得顾客和为顾客服务提供了线索。

——科特勒《营销管理》

科特勒指出，对消费者的购买行为影响至深的三大因素分别是：文化因素、社会因素和个人因素。

首先是文化因素。它的影响则是最为广泛和最为深刻的，它是影响人的欲望和行为的最基础的决定因素。低级动物的行为主要受其本能的控制，而人类行为大部分是学习而来的。在社会中成长的儿童通过其家庭和其他机构的社会化过程学到了一系列基本的价值、知觉、偏好和行为的整体观念。每一文化都包含着能为其成员提供更为具体的认同感和社会化的较小的亚文化群体，如民族群体、宗教群体、种族群体、地理区域群体等。

一个想打入中国市场的美国清洁剂厂商投放了一则广告，我们以该广告为例来说明：人们在兴高采烈地抛帽子，在所有帽子中，有一顶绿色的帽子特别起眼，因为它洁净如新，这顶绿帽子最后落到了一位男士头上。

先不说这则广告能否体现产品的特色和卖点，能否达到传播效果，但从绿色这一色彩的使用，就足以预见这家厂商的产品在中国市场的命运。因为在中国传统文化中，人们以"被人戴绿帽子"暗示妻子的不贞。在这样的广告宣传下，即便其产品质量再好，哪位丈夫还愿买它，哪位妻子还敢买它呢？市场营销中的大量实例表明，色彩这一文化因素在营销中发挥着经济、政治、法律等其他因素所不能替代的作用，对营销的成败有着不可低估的影响。

色彩仅仅是文化因素中的一个小点。每个文化都包含小的亚文化，亚文化包括国籍、信仰、种族、地理区域等，理解亚文化可以帮助营销人员更具体地进行细分识别。当一种亚文化的影响力足够大的时候，公司通常需要设计特别的营销计划来为之服务。要读懂消费者群体的文化因素，企业需要下大力气去努力。

第二个是社会因素。消费者的购买行为总是受到诸多社会因素的影响。社会因素包括消费者所属群体、家庭以及社会角色和社会地位。每个人都在一定的组织、机关和团体中占有一定位置，每个位置也就是其所扮演的各种角色。例如一个男子不仅扮演父亲和丈夫的角色，而且还可能是公司的总经理、某个登山协会的会员等。个人角色不但影响一般的行为，还会影响到购买行为，而且多种角色的消费需求可能不一致。比如，作为父亲，会触发你的许多有利于儿子成长的消费需求；同样作为丈夫，会激起你源自对妻子关爱的一些消费需求；作为公司管理人员，则会使你产生维护自己与团队利益的一些消费需求。

社会阶层是由具有相似的社会经济地位、利益、价值倾向和兴趣的人组成的群体或集团。社会阶层具有4个特征：一是处于同一阶层的人，行为大致相同；二是人们都依其社会阶层而占有优劣不等的社会地位；三是一个人处于哪一个阶层，不是由某一种因素决定的，而是由一系列因素决定的，如职业、收入、财富、教育、价值取向等；四是一个人在其一生中，其社会阶层并非一成不变，而可能由高层跌入低层，也可能由低层进入高层。企业了解这些特征，可以专门生产和经营适合某个或某些社会阶层所需要的产品和劳务。

第三个因素是个人因素。购买者决策也受其个人特征的影响，特别是受其年龄所处的生命周期阶段、职业、经济环境、生活方式、个性以及自我概念的影响。消费者的购买行为会受其动机、感觉、经营和态度等方面的因素支配，而且随着经济的发展，个人因素对购买行为的作用会越来越大。不同的人用不同的方法同时看到同一事物的结论是不一样的，同样，同一个人在不同的时间用不同的方式看同一事物，结论自然也不同，这就是感觉的作用。

一个人的选择是文化、社会、个人这些因素之间复杂影响和作用的结果。其中很多因素是营销人员所无法改变的。但是，营销人员必须尽可能去了解它们，进而适应它们，引导它们，最后影响甚至改变它们。

核心价值观决定了消费者的长期决策和需求

消费者的决策受核心价值影响，核心价值观是指由消费者的态度与行为所构成的一个信念系统。核心价值观比态度或行为更深入存在于消费者心中，它决定了消费者的长期决策与需求。锁定消费者价值观的营销人员认为如果能吸引人们内在的自我，就能影响到他们外在的自我,即他们的购买行为。

——科特勒《营销管理》

  消费者的行为是受其价值观支配的。有一个众所周知的故事很能反映不同国别的消费者在消费价值观上的巨大差异——两个即将走完一生的中美老太太碰到一起,中国的老太太说:"我辛辛苦苦一辈子,攒了一辈子的钱,终于可以买房子了。"而美国的老太太说:"我终于把住了一辈子的房子的贷款还清了。"同样买了一套房子,一个住了一辈子,一个还没有享受过,这两种截然不同的消费价值观反映了中西方消费观的差异。虽然到了现在,中国消费者的价值观念越来越与世界接轨,甚至在某些方面开始引领潮流,但不可否认的是,价值观上的差异仍然是存在的。

  核心价值观是在一段较长的时期内形成并被广泛持有的居于主导地位的一些基本的价值观念,这些观念很大程度上影响消费者的消费行为和习惯。受中国传统文化观念的影响,中国的消费者也形成了自己的核心价值观念,这些是营销人员一定要去发现并加以重视的。

  比方说,家庭至上的观念。在中国这个儒家思想根深蒂固的社会,家庭有着很深刻的含义。家庭的和睦、幸福、小康是很多人为之奋斗的目标。孝顺和尊敬父母也是传统的美德之一。像"孝敬爸妈还是'脑白金'"正是抓住了子女的软肋,抓住了一个"孝"字。很多商家在春节和中秋节等传统节日,都会大打广告,鼓励消费者向自己的父母送礼物,如营养保健品,来表示对父母的关爱。围绕家庭这个概念,营销人员能够写出很多的"好文章"。

  从家庭延伸开去,我们还能发现一种消费者对本土、本地的热爱。市场营销人员应该意识到,在消费者乐于尝试新鲜事物的同时,他们在内心深处更有一种对本土的文化、传统和品牌的认同。因此他们在购买东西时，很多时候，信赖和支持的还是本地品牌，希望本地品牌能够得到良好的发展。所以，品牌传播应注意到这一点，在本土、本地上发掘产品的卖点与特色。例如，非常可乐一直强调"中国人自己的可乐"，就是为了勾起消费者的本土、爱国观念。

还有，追求社会认可与尊重。根据马斯洛的需求理论，在物质需求得到满足之后，获得尊重和自我价值的实现成为追求。中国的消费者现在正在从物质层面向精神层面过渡，重视他人和社会的评价，追求外界的认可和尊重，譬如，买了辆好车需要炫耀，买了套名牌服饰需要更多人知道，请重要客人吃饭要去豪华饭店、要上好酒，等等，为了"面子"观念，很多消费者可以违背内心的真实想法，去迎合别人的看法，也正是这种"面子"情结，让更多的消费者喜欢买品牌的东西，喜欢买昂贵的东西。简单地打个比喻，就好比肚子饿了，要去吃饭，饿了是现实的需求，而选择去五星级酒店吃饭还是路边的大排档就是心理需求了。

如果仔细地观察，在很多家庭会发现这样一种现象，摆放在客厅的很多家电像电视机、音响等都是大品牌的，而摆放在厕所、阳台的一些家电，像洗衣机就很可能不是那么大牌了。这其中的原因很简单，客厅里的家电是朋友来可以看到的，是一个家庭的"脸面"，而摆放在偏僻角落的东西不是每个朋友都会去看的，相比之下，就要随意一些。从这样的一些小细节中，也可以看出面子观念对消费者的影响有多深。

现在的消费者思维与行为都变得越来越复杂，他们不会轻易相信营销人员的推销术语的。他们只相信"自己认为的事实"，只认可自己眼中的价值观。营销人员再也难以单纯地采用一招半式来征服消费者，而应该把准消费者的价值观念，并且迎合这种价值观，从而让消费者产生"自己认为的事实"。

营销者要关注消费者的人生大事或重大变迁

　　营销人员还应该考虑到消费者的人生大事或重大变迁，如结婚、生子、患病、搬迁、离婚、职业生涯改变、孤寡等都会导致新的需要：这些都能提醒服务提供者，如银行、律师、婚姻、求职、丧葬咨询机构等应当对他们提供协助。

　　　　　　　　　　　　——科特勒《营销管理》

　　购买者的决策也受到个人特征的影响，这些特征包括年龄、生命周期阶段、职业和经济情况、个性和自我概念、生活形态和价值观。这其中许多因素对消费者的行为具有很直接的影响。科特勒曾经在"科特勒（中国）战略营销年会"演讲中分享过这样一个案例：

　　有一个英国的公司，它是超市行业的第一，大家看看这家公司，能够学到很多的东西，特别是搞食品行业的，更能学到不少的东西。他给每一个客户发一张卡，然后这个公司就会了解这个客户今天买了什么，只要你在他的店里购物了，他就有一个清单，每周他都有记录，所以这个公司有一个非常非常大的数据银行，可以进行一些数据的处理。数据的整合、数据的处理可以帮助他们了解趋势，比如说是不是更多的人买了一些小的包装，而不是买这种大包装的食品，也许更多的人他们对那种蓝色的包装，而不是绿色的包装更感兴趣，另外他们也了解了一些买家的分类，这家公司基本上把客户分成了一千多个群体，你们可能觉得一家市场最多也就四五个分区，他们把市场分成了一千多个区。你这么想一想，如果说你现在在这个公司的信息部门工作，那你知道有一些家庭突然开始买婴儿食品了，这能告诉你什么？为什么会这样？那他们家里一定出了什么事情，他第一次买婴儿食品你会怎么想？那不是说他们突然想吃小孩儿食品了，那一定是他们家里有了新生儿。因此，这家公司就邀请了刚刚升级为母亲的人来聚会，来讲座，分享怎么样让婴儿进行营养的补充……这是信息的力量，如果你了解你的客户在买什么，你可以做很多事情，你可以进行分区、客户的细划，你可以建立各种各样的社区，就是说有很多人和你是合作伙伴，他们是消费者，从你这里获得价值。

科特勒所举的这个案例很有启发意义。这家超市从信息中挖出了很多的宝贵机会。一个家庭开始购买婴儿食品了，公司就针对这样的家庭开展一系列针对性的后续营销，既拴住了顾客，又提升了自己的销售额。可见，营销人员如果能关注消费者的人生大事或重大变迁，那么获益不仅丰厚，而且会是长期性的、持续性的。

比如在美国，有一代人非常有特色，他们被称为"婴儿潮"一代。二战之后，美国百废待兴，很多男性从战场返乡，结婚生子，从1946~1964年，这18年间婴儿潮人口高达7800万人，平均下来就是每位女性平均生4个小孩。这一代人在过去近20年内主导了美国社会的方方面面，特别是在2005~2006年之间到达了他们的消费巅峰，那个时候也是房地产泡沫的巅峰时期。

同样地，在中国，也有一代特殊的群体，他们就是"80后"，80后的人口数超过两亿，这一代人经历了互联网的兴起，被称为独生代或新人类。而今，这个群体正走向成年，如果说10年前80后的"独立""叛逆"和"娱乐"精神带给中国社会一个思想的浪潮，那么，如今的80后已经从"思想新秀"开始走向"消费新秀"。今天的他们基本都已经走上社会、参加工作，年龄偏大的80后已经过了而立之年，正处于职场上的黄金阶段，不仅趋于成熟，而且有了一定经济实力，成为一股不可小看的消费生力军。从他们的消费特征上看，他们与70后、60后有着较大的差别，80后这一代追求多变、刺激、新颖的生活方式，不愿意拘泥于教条、固化和墨守成规。他们崇尚品质生活，对各类名牌产品如数家珍。很大一部分的80后将大量的精力和财力投入到网络上，网上购物日渐成为80后的主要购物方式。据淘宝网分析，未来随着这一人群的成长，他们将成为网络消费的主体力量，对整个社会的消费模式将产生深刻影响。更加值得一提的是80后的"提前消费"意识。他们是敢于"花明天的钱，圆今天的梦"的人群。正因为这样，他们常常被人们称为"月光族"。这一点，也使得他们迥异于70后和60后。

举"婴儿潮"和80后的例子，是为了说明，营销人员可以对目标消费群体进行这样的代际划分，不同的代际人群之间有着鲜明的差别，而同一代际人群之间又有着显著的共性。这种差别和共性能帮助营销人员设计出更符合某一代际人群的营销方案和计划。

消费者对彼此的信任要远远超过对企业的信任

营销3.0时代是一个消费者彼此进行水平沟通的时代，垂直控制对他们丝毫不起作用，企业只能靠诚实、特性和可靠来赢得消费者的青睐。如今，消费者对彼此的信任要远远超过对企业的信任，社会化媒体的兴起本身就反映了消费者信任从企业向其他消费者的转移。

——科特勒《营销革命3.0》

科特勒指出，如果说过去是一个企业对消费者进行"垂直控制"时期的话，那么，现今，这种控制方式的效力已经非常弱了，更多的消费者倾向于水平沟通，他们更信任彼此，而不是企业。

麦肯锡咨询公司曾发布一份调查报告，其中列出了2007~2009年金融危机之后商业发展的十大趋势，其中一个重要趋势是企业所面对的市场正日益转变为低信任度市场。实际上，这种信任感并没有缺失，它只是从垂直关系转化成了水平关系。根据尼尔森全球调查报告，现在几乎没有多少消费者真正把企业制作的广告当一回事，更不会以此来决定自己的购买行为，他们认为消费者之间的口碑作用往往比企业广告可靠得多。根据这份调查，约有90%的消费者相信朋友或熟人推荐的产品，70%的消费者信任网络上的顾客观点。有调查咨询公司的研究甚至发现，消费者似乎更愿意相信社交网络上的陌生人，而不愿听从产品专家的指导建议。

　　这些研究结果对企业而言如同警钟。它们表明，从某种程度而言，消费者已经对商业经营失去信心。有的营销人员或许会说，这是商业道德问题，已经超出了营销者的能力范围。但事实是，营销对此难辞其咎。营销在很多人眼中已经和销售画上了等号，它靠说服艺术来打动消费者，有时候甚至会操纵消费者。虽然，现在的市场营销活动越来越强调关注消费者，但营销行为有时还是难免会夸大、掩饰甚至是欺瞒，以此来实现销售。

　　这是一个强调口碑效应的时代，消费者信任圈子成员胜于信任企业，虚伪的品牌很难有生存机会。如今的企业面临的，不再是单个的弱势的消费者，而是具有集体智慧的消费者群体。企业的欺骗和谎言在这样的群体智慧面前很快就会被揭穿。

　　在运动用品行业，很多大公司都会花费巨额广告费用邀请一些明星来拍广告、做活动、搞推广，而有一家Lululemon Athletica的运动服饰制造商却采用了一种很草根的方式吸引了大量的消费者。

　　这家公司为了推广其100美元的瑜伽装，制定了一个"大使计划"，在某个区域市场，他们会招募当地运动员以及健身教练，不付代言费，只是为每个代言人提供价值1000美元的运动服装和器材，让他们体验产品，在学生面前穿着该公司的服装，以及在当地的店面里穿着这些服装上健身课。

该公司市场营销部主管说:"我们的大使穿着我们的服装,无论他们去哪里都能为我们进行宣传。"这样的一种营销方式简单而卓有成效。该公司2012年的预计收入为10亿美元。有营销专家评价说:"这些品牌大使和他们所处社区的联系十分紧密,通过这种方式扩大品牌影响力是十分有效的,并且能让人们感觉到这家企业正在对消费者进行回馈。"

Lululemon Athletica的这种营销方式,走出了传统的"垂直控制",而是利用消费者之间的信任与口碑传播,以较低的成本却收到了最好的效果。

用消费心理及消费行为的理论解释,在消费者购买决策过程中,现身说法的案例可以刺激消费者觉察自己对产品的需要,并为消费者收集信息提供资料,尤其是身边的或熟悉的人购买或使用的感受对消费者的鼓动作用是非常大的。现身说法策略就是用真实的人使用某种产品产生良好效果的事实作为案例,通过宣传手段向其他消费者进行传播,达到刺激消费者购买欲望的策略。

企业应找到一种方式,将自己的顾客变成品牌的推广者。营销不能小看普通人,普通人口口相传的力量比起名人推广或者大手笔的广告来,丝毫不逊色。一个品牌说自己很好是一回事,但是它的顾客说它很好就是另一回事,效果更好。

消费者对营销活动的抵制达到了前所未有的水平

消费者对营销活动的抵制达到了前所未有的水平。大多数消费者都对营销和广告表现出消极情绪:他们表示,他们会避免购买那些感觉过度营销的产品。

——科特勒《营销管理》

科特勒认为，现在的营销越来越难，因为消费者越来越占据优势地位，对营销活动的抵制达到了前所未有的水平，他们会避免购买过度营销的产品。

Yankelovich Partners 曾对 601 名被访者进行电话调查，发现消费者对于营销信息与活动越来越抱着抵制的情绪和否定的态度。65%的被调查者感到被太多营销信息轰炸，61%认为信息量已经失控了。更糟糕是，69%的消费者倾向于使用某种工具来完全跳过或阻止营销广告。Yankelovich 进一步指出，被调查者中每 10 人中就有 6 人觉得营销人或广告商没有尊重顾客，59%的人认为大部分营销广告信息跟他们没有一点关系，65%认为对于营销广告应该有更多的规章制度进行限制。

面对铺天盖地、无孔不入的广告信息，消费者的确已经达到了营销耐受的极限。与传统的消费者相比，今天的消费者不再是被动、顺从的，营销者对消费者的任意操纵必将招致激烈的反抗和抵制。在日常的消费实践中，存在着形形色色的消费者抵制现象。举一个很简单的例子，数字录影机这种功能之所以大受欢迎，就是因为它可以帮助消费者更便利地跳过商业广告。

消费者的抵制源自于现代的营销范式与消费文化之间的深层冲突。在很大一部分消费者看来，现代营销活动本质上是一种被扭曲的、不对称、不平等的交流形式，是一种操纵消费者的技术。而对于日益具有消费主权意识和敏感性的消费者来说，这种交流形式是不能容忍的。正是这种积蓄日久的冲突和矛盾，最终导致了反营销的消费者抵制行动。

网络时代，信息以难以想象的速度传播，人与人之间、企业与消费者之间已经实现零距离的沟通，这种信息大爆炸在带给企业传播便利的同时，也像一把达克斯魔剑悬在企业头上。消费者正睁大眼睛在等着看，他们用选择和行动来维护心中崇高的品牌，叫得最响没用，拿出实际的真功夫来，消费者才认可，否则迎接企业的就是互联网的围追堵截。

营销人要意识到消费者对于其信息的这种抵触情绪，从而在目标市场定位上更加准确，并调整信息方式及内容，以适应被信息轰炸得筋疲力尽的消费者。现在，正当营销泛滥、营销乏力的时候，一种"不营销"的理念正在发芽。所谓的"不营销"，并不是不做营销，而是一种横向联合、纵向穿插、利益共享的合作方式，是真正把"客户至上"放在心里，而不是挂在口头的切实行动。

美国"厕所大王"就是这样一个例子，它在美国为市民免费提供移动厕所，而后在卫生间墙壁上张贴广告，市民可以免费使用，自然聚集非常多的关注，这样，使用者也理解商家的用心，很乐意接受这种形式。使用者、提供者、广告客户，三方皆大欢喜。

这种厕所模式在中国也有类似的范例。江南春开创的楼宇电梯广告就是如此，他提出的价值观是"让等候电梯的人轻松快乐"。目标客户等电梯的时间变得多姿多彩，而写字楼和公寓楼并不需要为楼宇电梯的液晶屏买单，这样的一个"空子"成就了一个响当当的分众传媒。

其实，消费者不是讨厌营销活动，他们需要的是有"度"的营销活动。铺天盖地、无孔不入，这样的营销只会让消费者烦不胜烦，甚至深恶痛绝。现在的营销活动应该从新意与心意上多下功夫，不仅要赢消费者的眼球，更要赢消费者的心。

第二章
消费者的购买决策心理与行为

消费者典型的购买决策会经历5个阶段

营销研究者开发了一个购买决策过程的"阶段模型"。消费者会经历5个阶段:问题认知、信息搜索、方案评估、购买决策和购后行为。很清楚,购买过程早在实际购买发生之前就开始了,并且购买之后很久还会有持续影响。

——科特勒《营销管理》

科特勒总结说,消费者典型的购买过程包括这样几个步骤:问题认知、信息搜索、方案评估、购买决策和购后行为。对于营销人员来说,购买决定是导致购买行为的关键,但前3个阶段都能影响到购买决定阶段,即整个购买决策过程的阶段是环环相扣的,因此,营销人员需要关注的是整个购买过程,而不是只单单注意购买决定。

第一,问题认知。

引发购买者的动机,是整个购买过程的开始。一个产品要能销售出去,首先应该能让消费者"注意"及"知道"这个产品的存在。所以新的产品推出时,沟通的目标就应该是帮助消费者认识这种产品。让消费者意识到自己的需要和需求,这既可以凭借内在刺激唤起,也可以借助于外在的刺激。比方说,一个人渴了、饿了，他会去主动寻找可以喝、可以吃的食物，而另一方面，饮食店通过色香味俱全的鲜美食物也可以刺激人的饥饿感。营销人员一方面要帮助消费者认识到其自身需求，另一方面更要主动地去激发、去引导消费者的需求。史玉柱当年在江阴市场推广脑白金的例子就很经典，他在深入走访江阴市场后，免费向市民派发出了大量的脑白金产品，市民们感受到效果后，纷纷去药店询问，而看到广告的市民也四处打听哪里可以购买。问的人多了，经销渠道自然就打开了。他走访市场，赠送产品，大打广告，其实就是为了培育这个市场，进而引发消费者的关注与追捧。引导消费者认识自身需求、认识产品，这是将产品营销出去的第一步。

第二，信息搜索。

当消费者意识到自己有某方面的需求时，一般会主动地去获取信息，进行信息的搜索，以了解产品的特性、功能与价值。在这个过程中，消费者会多方面、多渠道地搜集信息，企业广告宣传、网络、熟人介绍，等等，都是消费者常用的信息渠道。

第三，方案评估。

消费者在掌握了足够的信息后，会对这些信息进行分析、对比，以选出自己最为满意的方案。不同消费者评价产品的标准和方法会有很大的差别。就拿衣服来说，有人喜欢大品牌的，有人喜欢款式新潮的，有人喜欢布料安全无刺激的，等等。当消费者充分认识到产品的优点后，自然而然会对其进行评价，并与同类产品相比较，从而得出好或不好的印象。消费者可能喜欢某一产品，但并不特别偏爱，营销人员要做的就是设法建立消费者的偏爱。

第四，购买决策。

消费者即使对自己的需求有了认知，也搜集了信息，并进行了评估，但未必就会将购买行为落实了。

营销人员要想促成消费者的购买行为，那么，一方面，要向消费者提供更多详细的有关产品的情报，便于消费者比较优缺点；另一方面是要通过各种销售服务给顾客提供方便，加深顾客对企业及产品的良好形象，促使其做出购买企业产品的决策。

第五，购后行为。

消费者购买了产品，并不代表一切就结束了。就像科特勒所说"购买过程早在实际购买发生之前就开始了，并且购买之后很久还会有持续影响"。消费者购买产品后，往往会通过使用，通过家庭成员与亲友的评判，对自己的购买选择进行检验和反省，重新考虑购买这种产品是否明智、效用是否理想等，形成购买后的感受。

很多营销人员过于偏重售前，而忽视售后，这是一种典型的营销短视。消费者对企业真正形成印象往往是从购买了产品、使用了产品之后开始的，双方之间的信任关系也是从此刻才开始真正起步。因此，销售圈子里有句话说："真正的销售是从售后开始的。"营销人员要重视消费者在购后的使用情况和感受，争取与顾客建立长期、紧密的合作关系。

人类学研究，从宏观上把握消费者心理

人类学研究是一种特殊的观察方法，研究者通过使用人类学和其他社会科学领域中的一些概念和工具，能够对人们的生活与工作方式得到深层次的了解。这种方法的目的是研究者通过深入消费者的生活，以揭示用其他研究方法所不能清楚表示的消费者无法言传的需要。

——科特勒《营销管理》

科特勒所提及的人类学研究是一种新的研究方式，它把焦点放在观察人们的日常行为上，比方说，食品企业会去观察人

们是如何吃饭喝饮料的,清洁用品制造企业会观察人们是如何清洁、打扫的,化妆品企业会去观察人们的肌肤问题并观察他们是如何应付的……人类学研究是观察人们在干什么,而不是问人们在干什么,这样能给企业带来最有益的信息。观察消费者的日常行为比收集客户对产品的主观反应和评价更能让企业获得突破性的启示和灵感。

很多成熟的企业在进行营销活动时,非常注重人类学研究这种方法,它们通过这种方式去了解最为真实的消费者群体。

美国某研究团队曾在香港电信、金山工业和摩托罗拉资助下对中国香港普通居民进行为期6周的生活观察。他们拍摄了数千张照片和居家生活的录像,包括居民们在烧菜、打电话、帮助小孩做作业、把工作带回家完成以及其他生活中的细节。尽管这些照片和录像第一眼看上去,很杂乱无章,然而,经过分析后的结果立即就显示,从这些资料中除了发现3个可预见的市场领域外,还发现了6个此前从未考虑过的潜在市场。让企业管理层最感兴趣的3个亮点是:家庭成员如何保持相互联系、购买新鲜食品和父母帮助小孩完成功课。

这些企业管理者惊讶地发现,这支对香港人生活毫无了解的团队在短短6周内就帮助他们找到了全新的潜在市场。当然,这些潜在市场的规模和可行性还有待验证,但如果不是这样的研究,企业管理层可能永远发现不了这些潜在的消费者需求,也可能永远不会考虑到这些市场。更让人惊讶的是,这6个新市场还都是没有竞争者涉足的,而另外3个预见到的市场,竞争者已如过江之鲫。

这个例子很有借鉴意义,仅仅是通过拍照、录像、观察,就发现了如此多的惊喜和机会。正像科特勒所说的那样"揭示用其他研究方法所不能清楚表示的消费者无法言传的需要",

很多时候，直接跟消费者面对面进行调研，虽然看起来很有互动感、真实感，但是消费者未必就会把自己真实的一面完全展露出来，甚至有的消费者都不知道自己真正想要表达的是什么，所以，这样得来的信息准确率就需要打一个折扣了。而人类学研究更多的是在不惊扰到消费者的情况下，真实地记录消费者的行为、言语和反应，然后再去分析、去研究，虽然没有与消费者进行直接、深入的交流，但是，通过这种方式挖掘出来的信息更丰富，也更可靠。

2010年的时候，奥美任命了一位名叫麦克·格里菲斯的博士担任社会人类学总监，麦克博士加入其大中华区发现团队消费者洞察和趋势研究小组，致力于研究中国的社会文化，以求为客户创造更有效果、更能融合本土文化又兼具创意的作品。

"社会人类学总监"，这个职务对于大多数中国企业而言仍然是陌生的，但是，这从一个侧面反映了一些知名企业对社会人类学研究的关注和倚重。中国的企业也应该重视这种研究方法，通过这样一种新型的方式去更深入地了解一个更真实的消费者群体。

理性的行为其实并不是具有最后决定性的力量

我们发现理性的行为其实并不是具有最后决定性的力量。公司必须要在有关的品牌和公司之间增加一种感性的色彩，我们要构建一种感性，不仅能够触及人们的头脑，也能够触及购买者的心灵。

——2009年科特勒启动天阶计划的演讲

科特勒认为，消费者并不总是以深思熟虑和理性的方式处理信息或做出购买决策。他指出，消费者在做购买决策时，会受很多不同的捷思以及偏误的影响。比方下面几种顾虑。

可得性顾虑，这是指消费者很可能会想起过去的存在于记忆中的一些先例。譬如，某女士曾在某个专卖店里买过一件衣服，结果穿了没多久，就开线了，那么，她再次想到这家店的时候，就会想起过去不愉快的购买经历，从而影响她现在的选择和决定。

代表性顾虑，这是指消费者对某个产品有意向时，会不由自主地想到它的同类产品，会想到这些产品的共性。这就是为什么许多不同品牌的同类产品，在包装、容量等方面或多或少会有些相似之处的原因。

定锚与调整顾虑，消费者在了解产品之后，会形成一个初步的印象和评断，这个印象与评断虽然深刻，但并不是不变的，消费者会根据后续的了解来调整第一印象。譬如，某顾客初次见到一位销售员时，可能会觉得这个人缺少经验，不太专业，但随着彼此了解的加深，顾客很可能会发现销售员的闪光点，比方说热情、细心、服务周到等，从而改变印象，加深好感。所以，营销人员应该从第一印象开始经营，让消费者第一眼就看着顺，这样才能在消费者后续的体验中占得一个更有利的角度和位置。

简单地说，顾客做决策的过程，并不是完全理性的，他们脑海里会有无数营销人员想象不到的想法和念头冒出来，或者干扰，或者推进其购买决策。

我们平时购买产品和服务经常会在不理性的情况下发生。例如，有的女孩子因为感情上受挫了，会大买零食，大吃大喝，结果长胖，这是不理性的；很多女性如果跟一群姐妹出去购物，会比自己一个人出去逛街买得更多，这是不理性的；很多人即便经济能力并不是很宽裕，仍会节衣缩食省下钱来去为一个限量品牌包埋单上万元，这是不理性的；因为某个特定事件的发生，人们纷纷抢购食盐、大蒜等，把价格推高好几倍，这也是不理性的……

通过分析这些不理性的过程，我们会得出一个理性的结论——当消费者心里觉得是对的时候，错的也会是对的，不理性的也会是理性的。可以说，在很多情况下，营销往往需要更多的"非理性"。营销人员不仅要能从理性上征服消费者，更要善于从感性上、从情感上打动消费者。

在营销中，有一个情感营销的概念。所谓情感营销，是指通过心理的沟通和情感的交流，赢得消费者的信赖和偏爱，进而扩大市场份额，取得竞争优势的一种营销方式。如果我们把这种最真挚的情感渗入进营销中，从营销模式上进一步沉淀或升华，一定会引发一场情感营销的革命。情感的影响力和心灵的感召力在营销过程中是一股可以颠覆结果的力量。

一个好的情感营销，必须是能引起消费者共鸣的，必须是能打动消费者心灵的。在情感消费时代，消费者购买商品所看重的已不完全是商品数量的多少、质量好坏以及价钱的高低，他们更是为了一种感情上的满足、一种心理上的认同。

这是一个情感经济的时代，情感正在创造财富，情感正在创造品牌，情感正在创造一切。情感营销时代，企业要摒弃饮鸩止渴式的价格战，创造有魅力的产品，营造有情感的品牌，要尽其所能打动消费者，使其对品牌"一见钟情""一往情深"。一个品牌如果能够充满丰富的感染力，与消费者进行情感上的交流，就会使品牌从冰冷的物质世界跨入到有血有肉的情感世界，也会使品牌"楚楚动人""风情万种"。

消费者购买决策追求的是价值最大化

顾客是寻求价值最大化的。他们形成一个对价值的期望并付诸实践。购买者将从他们认知的能提供最高顾客让渡价值的公司购买产品，顾客让渡价值是整体顾客利益与整体顾客成本之差。

——科特勒《营销管理》

顾客是如何做出选择的呢？科特勒指出，顾客会在有限的搜寻成本与知识、流动性和收入约束下，追求价值最大化。顾客在购买产品时，总希望把有关成本包括价格、时间、精神和体力等降到最低限度，而同时又希望从中获得更多的实际利益，以使自己的需要得到最大限度的满足。因此，顾客在选购产品时，往往会从价值与成本两个角度进行比较分析，从中选择出价值最高、成本最低，即"顾客让渡价值"最大的产品作为优先选购的对象。企业为在竞争中战胜对手，吸引更多的潜在顾客，就必须向顾客提供比竞争对手具有更多"顾客让渡价值"的产品，这样，才能使自己的产品为消费者所注意，进而购买本企业的产品。

人都是理性的，也都是自利的。顾客会估计产品或服务能够传递最大的认知价值并采取一些行动。这个产品或服务是否能够达到顾客的期望，是否能令顾客满意，这直接影响顾客的购买和再次购买的可能。

比如某顾客欲购买一台空调，现在该顾客将目标锁定在甲品牌和乙品牌之间。假设他比较了这两种空调，并根据款式、工艺及主要性能、参数等指标做出判断——乙品牌具有较高的产品价值。他也发觉了在与乙品牌人员沟通时，促销导购介绍产品耐心、知识丰富，并有较强的责任心及敬业精神，结论是：在人员价值方面，乙品牌较好。但在顾客的印象中，甲品牌的知名度、整体形象等方面优于乙品牌，同时甲品牌售后服务、承诺等服务价值也高于乙品牌。最后他权衡了产品、服务、人员、形象等4个方面，得出了甲品牌的总顾客价值高于乙品牌。那么，顾客就一定会购买甲品牌吗？不一定，他还要将两个品牌交易时产生的总顾客成本相比较，总顾客成本不仅指产品价格，正如亚当·斯密曾说过的"任何东西的真实价格就是获得它的辛劳和麻烦"，总成本还应包括购买者的时间、体力和精神费用。

购买者将这些费用与产品价格加在一起，就构成了总顾客成本。

这位顾客要考虑的是，相对于甲品牌的总顾客价值，其总顾客成本是否太高，如果太高，他就不会购买甲品牌产品，我们就认为其让渡价值小。反之，相对于乙品牌的总顾客价值，若其总顾客成本较小，则这位顾客就可能会购买乙品牌产品，我们就说其让渡价值大。通常情况下，理性的顾客总会购买让渡价值大的产品，这就是顾客让渡价值理论的意义。

现在顾客除了关注产品的质量和价格外，也越来越注重产品的售后。比方说，相同质量的两个产品，一个服务态度恶劣，且经常断货缺货，甚至还需要客户支付邮费，保修时间也很短；而另一个服务态度友好，能保证准时免费送货上门，并且保质期较长，维修网点分布也比较合理。这时，顾客会选择哪个呢？答案很明显，没有谁愿意花费更多的时间、精力等成本。产品质量固然重要，但非质量因素对顾客同样影响很大。要想赢得顾客青睐，就必须要充分认识并满足顾客的让渡价值。

正常情况下，顾客都是成熟的、理性的，若某种产品的让渡价值大，则该产品对顾客的吸引力就大，购买该产品的可能性就越大。当然，让渡价值越大，顾客的实惠就越多，但公司方面的利润就会减少，所以，根据市场及竞争产品情况，合理定价至关重要，既要保证有吸引顾客的让渡价值，又要兼顾公司的利润。

顾客让渡价值概念的提出为企业经营方向提供了一种全面的分析思路。

首先，企业要让自己的商品能为顾客接受，必须全方位、全过程、纵深地改善生产管理和经营。企业经营绩效的提高不是行为的结果，而是多种行为的函数，以往我们强调营销只是侧重于产品、价格、分销、促销等一些具体的经营性的要素，而让渡价值却认为顾客价值的实现不仅包含了物质的因素，还包含了非物质的因素；不仅需要有经营的改善，而且还必须在管理上、服务上适应市场的变化。

其次，企业在生产经营中创造良好的整体顾客价值只是企业取得竞争优势、成功经营的前提，一个企业不仅要着力创造价值，还必须关注消费者在购买商品和服务中所倾注的全部成本。由于顾客在购买商品和服务时，总希望把有关成本，包括货币、时间、体力和精神降到最低限度，而同时又希望从中获得更多实际利益。

因此，企业还必须通过降低生产与销售成本，减少顾客购买商品的时间、体力与精神耗费，从而降低货币、非货币成本。显然，充分认识顾客让渡价值的含义，对于指导企业如何在市场经营中全面设计与评价自己产品的价值、使顾客获得最大限度的满意，进而提高企业竞争力具有重要意义。

第三章
打造深度的用户体验营销

顾客期待从购买中获得理性、感官、社会和自我的满足

消费者总是期待从一个产品中得到以下4种回报之一：理性满足、感官满足、社会满足和自我满足。购买者可能通过3种体验形象化这些回报：使用后的结果体验，使用中的产品体验，附带使用体验。

——科特勒《科特勒市场营销教程》

科特勒认为，消费者期待从购买中获得的是理性的满足、感官的满足、社会的满足和自我的满足。比方说，"头屑去无踪"就属于使用之后理性的满足；而"滴滴香浓，意犹未尽"带来的则是使用过程中的感官满足；"喝杯清酒，交个朋友"体现的是一种社会的满足；"我的地盘我做主"体现的是一种自我的满足。

科特勒所总结的理性、感官、社会和自我这四大类满足，追根究底的话，跟亚伯拉罕·马斯洛所提出的需求层次理论是非常契合的。理性满足对应的是生理与安全上的需求，感官满足对应的是情感与归属的需求，社会满足对应的是尊重的需求，自我满足对应的是自我实现的需求。

顾客是不会轻易满足的，他们的需求总是不断发生着变

化,当基本需求得到充分满足后他们会去寻求更高一层的需要。而企业也需随着顾客不断提升的需求去完善并改进自己的产品和服务,以使顾客得到更大的满足。在这个顾客至上的商业环境中,谁能更好地满足顾客,谁就会在竞争中更胜一筹。

　　网上曾流传过一句很有意思的话——"人类已经无法阻止海底捞"。海底捞是一家绝不普通的火锅店。它的一家店面日翻台达7次,一家旗舰店年营业额达5000万,一家店面6个月就可以完成从开店到回本的赢利周期。这样的成绩足以让其成为行业翘楚。它的案例曾经被《哈佛商业评论》收录,它的经验甚至吸引了餐饮老大百胜集团的区域经理们前来观摩学习。那么,海底捞为什么能取得这样出色的成绩呢?

　　本来,餐饮业满足的只是马斯洛需求层次最底层的生理需求,这个行业吸引顾客的传统方式就是食物的口味。然而,随着人们生活水平的提高,消费者对餐饮业的需求已经不仅仅满足于"吃饱喝足",更希望能获得感官、社会以及自我的全面满足。

　　海底捞的高明之处就是在于看到了这之中的巨大市场空间。搞定了客户的心,就等于占有了市场份额。可如果想让顾客获得超乎寻常的满足,单靠标准化的服务方式显然无法做到。在海底捞,从一个洋溢热情的微笑、一句贴心的话语,到一块干净的毛巾,桌面上的一个小摆设,这些都让顾客感觉幸福和温馨。

　　几乎在每家海底捞都能看到一样的情形,等位区里等待人数几乎与就餐的人数持平。如果是在普通的饭店,等候就餐会是一件痛苦的事,而海底捞却将这变成了一种愉悦——顾客在等候的过程中,可以享用免费的水果、饮料、零食,可以打打扑克牌、玩玩跳棋等游戏,还可以在上网区上上网、听听音乐,或者也可以享受免费的美甲、擦皮鞋服务。这些服务虽然是免费的，可是海底捞从来不曾马虎。有顾客曾说，有一次美甲的时候，有个女孩不停地更换指甲颜色，反复折腾了有5次，连旁边的其他顾客都看不下去了，可那位帮她美甲的阿姨却仍然耐心十足。

在客人就餐的过程中，服务员会更加细心。他们会为披着长发的客人递上皮筋和发夹，以免头发垂落到食物里；他们会为戴眼镜的客人送上擦镜布，以免火锅的热气模糊了镜片；如果你把手机放到了桌面上，他们会拿来小塑料套，帮你装好，防止油沾到手机上；每隔一刻钟左右，就会有服务员主动更换你面前的热毛巾；如果你带了孩子，服务员还会主动帮着喂孩子吃饭，陪他们在儿童天地做游戏；为了消除口味，海底捞在卫生间中准备了牙膏、牙刷，甚至护肤品；过生日的客人，还会意外得到一些小礼物；如果你点的菜太多，服务员会善意地提醒你适当减菜；随行的人数较少，他们还会建议你点半份；天凉的时候，客人打一个喷嚏，服务员马上就会从厨房端来一碗热热的姜汤；客人随口问一句有冰淇淋吗，服务员就会抽空跑到附近商店去买来冰淇淋；如果客人特别喜欢某个小菜，服务员还会细心地打包一份，在结账的时候交到客人手中；餐后，服务员会马上送上口香糖；店里的服务员都会向你微笑道别……

海底捞的这些服务被顾客们称为"花便宜的钱买到星级的服务"，在这里，顾客享用的不仅仅是饱腹的食物，还有感官的满足、社会的满足，以及获得关怀、重视、礼遇的自我的满足。这样的一种感受是顾客所渴望的，也是最能让顾客牢牢记住的，它带给顾客的是全面的"四合一"式的满足，这远远超越了美食所带来的满足感。

随着消费者自我意识的觉醒，企业很难仅仅凭借基础性的产品和服务取悦消费者。企业面对的会是一个越来越精明、越来越难被打动的顾客群体。顾客获得了理性满足、感官满足，还会进一步期待社会满足、自我满足。要赢得顾客的心，企业需要提升产品、提升服务，以最严苛的方式要求自己，这样才能让顾客更加满意、更加满足。

向顾客传达一种愉悦的体验比推销产品更重要

什么是体验营销？营销人应当更多地关注产品或服务的设计，要向客户传达一种愉悦的体验，而不仅仅是销售一种产品或者服务。营销商应当通过从客户的体验出发来考虑对其产品或服务的营销和在营销中增强客户的良性体验。

——科特勒《科特勒说》

在提及体验营销的时候，科特勒特别提到了星巴克咖啡，他认为，星巴克提供了一种独特的咖啡体验。顾客在这里可以享受到优雅的环境，可以欣赏到咖啡的制作过程，可以躲避外面的熙熙攘攘。

体验有这样一个定义——体验是企业和顾客交流感官刺激、信息和情感的要点集合。这种交流发生在零售、批发环节中，发生在产品和服务的消费过程中，发生在售后服务的跟进中，也发生在与用户的交流活动中。可以说，体验存在于企业与顾客接触的所有时刻。体验营销就是要打破过去那种企业与顾客之间的鸿沟与障碍，打破企业说、顾客听的"独角戏"状态，让顾客充分参与到企业的活动中来，通过这样的融合，让顾客感觉到，整个企业都是在为他特别服务。

在西雅图有个派克街鱼市场，这个市场并不在黄金地段，规模也不大，仅由不到20名员工组成，但市场的日均收入却高达5万美元，人均近3000美元！西雅图人口才58万人，可是每年到派克鱼市观光游览的人却多达1000万人。这个市场被称为"世界上最快乐的鱼市"。派克鱼市成名的原因不仅因为海鲜丰富，还因为鱼贩们身手矫健的"飞鱼"技巧和现场欢愉的气氛，更因为鱼贩工作态度中所蕴含的哲理。

只要你一进入派克市场，就可以看到身穿工作服和黑色橡胶长靴的年轻人，他们唱着歌，大声吆喝着"三条鳕鱼飞往华盛顿""五只螃蟹奔向堪萨斯"，然后把不同的海鲜"飞"到顾客们的篮子里或者手中。各式海鲜像球一样在空中飞来飞去，鱼贩们的动作就像杂耍演员一样流畅而熟练。每个鱼贩都笑容高挂、歌声不断、合作无间，就如同正在游戏一般的快乐。

面对顾客的询问，他们耐心十足、经验老到、充满热情与诚意。要是有顾客带着小孩光顾，鱼贩们甚至会掰着鱼的嘴，让鱼嘴一张一合，然后自己装出小丑一样的表情和声音，逗得孩子们直发笑。在这里，看不到脸色沉重的人，无论是鱼贩，还是顾客，个个都面带笑容。顾客们只要到了派克鱼市，就鲜少空手离开的。

这个如今人声鼎沸、客流如梭的著名鱼市，在很多年前，却并不是这番光景。派克鱼市原本是一个死气沉沉、充满敌意的市场，每天，这里都充斥着吼叫声、叫骂声，有的员工偷窃、酗酒闹事、吸毒，还搞派系争斗。这样下来，生意自然不会好。到后来，大家都受不了了，于是决定做一些改变，卖鱼的时候唱唱歌、"飞飞鱼"、与顾客们逗笑一番，这样改变之后，大家发现不仅自己心情好多了，顾客们也跟着开心起来了，市场的生意简直可以用火爆来形容。

后来，斯蒂芬·伦丁得知这一故事，于是深入考察了这个市场，并且写出了一本畅销全球的书，书名就叫《鱼》，从此，派克鱼市成了西雅图的一大景，在全世界都享有极高的知名度。

派克鱼市吸引人的地方不是它的各式海产，而是它的气氛，是它带给顾客的那种轻松和欢乐。传达一种愉悦的体验比向顾客推销产品更重要，为产品融入文化、品位以及情感内涵，然后再传递给消费者，这就是派克鱼市的秘诀，也是体验营销的秘诀。

值得一提的是，完美的顾客体验绝不仅仅是营销部门或客服部门的事，要让顾客获得难忘的体验，企业必须找出哪些是影响顾客体验的因素，然后把这些因素分解，分解到每一个岗位、每一个职能，这样才能知道哪一环、哪些因素影响到了顾客体验。

例如，当顾客反映他买的东西没有按时到货时，企业就一定要分清楚，送货不及时是由什么因素引起的，是订单处理不及时，还是付款环节不及时，还是仓库里分拣不及时，还是物流运输不及时？总之要细化到每一个环节，一定要把一个大的问题分解到所有的环节里面去，最后才能找到给顾客造成不良体验的因素在哪里。

体验营销满足的是消费者的思想、成就感和自我表达

消费者将会受到以下3种动机的鼓舞：思想、成就感和自我表达。那些以思想为主要动机的人将会以知识和原理为指导。而以成就为动机的人会用产品和服务来向同伴显示自己的成功。而以自我表达为动机的人将会热衷于社交活动，追求多样化，敢于冒险。

——科特勒《营销管理》

科特勒认为，最能鼓舞消费者的是思想、成就感和自我表达这3种动机，而体验营销从本质上说，要为消费者创造的也正是这3个方面的满足感——思想、成就感与自我表达。一个能和消费者进行沟通对话、能与消费者有双向交流的品牌，其

影响力要远远大于只向消费者进行单方面宣传的品牌，因为，前者不仅凝聚了企业自身的努力，更融入了消费者的个人元素在其中，这样的品牌不单纯只属于企业，而是为企业与消费者所共有、所共享。

让消费者充分参与体验营销，充分参与到品牌活动中来，在这个过程中，消费者的思想、成就感和自我表达都会得到极大满足。消费者与品牌、企业之间的距离也会无限拉近。对一个品牌而言，最重要、最有分量的代言人莫过于消费者。

Method 是旧金山的一家环保洗衣用品公司。当他们进军洗衣粉市场的时候，面临着巨大的挑战，他们烦恼的是，要怎样做才能改变消费者的购买习惯，才能使汰渍洗衣粉的忠实用户相信，Method 这个仅仅 500 多克的洗衣液能够洗干净整整 50 桶的衣服。而且，他们的推广预算只有少得可怜的 20 万美元。Method 的联合创始人兼品牌设计师雷恩最后提出了一个想法——要用最少的钱达到最佳的宣传效果，最好的办法就是寻求客户的帮助。Method 最后雇用了媒体代理公司 Mekanism 拍摄了一个众包广告。他们绘制了一个情节串联图板，邀请人们来自行拍摄这个图板上的具体动作，然后再将他们拍摄的素材提交给 Method 进行最终剪辑。这次活动共有 332 名消费者参与其中。当这条众人你一笔我一笔创造出来的广告最终成型之时，它成了 YouTube 上观看次数排名第 93 位的视频，这段视频也使得 Method 的 Facebook 粉丝数量增长了 68%。一位营销界人士一针见血地指出："这条众包广告的美妙之处就在于，从这条广告完成之日起，它本身就构建起了一个分销网络。"

一般而言，企业推出的广告通常都是委托专业的机构制作，然后推向消费者群体，而 Method 从一开始就打破了这种固有传统，它将广告交付到消费者手中，让他们来主导广告的创意、内容与呈现方式。这样做的益处是多方面的，第一，让消费者来制作企业的广告，这种形式本来就是一种开创式的革新，当消费者充分参与其中的时候，无论是那332名贡献了素材的人，还是"围观"的其他人，都会获得一种极大满足，这正是思想、成就感与自我表达的满足。第二，消费者在参与制作或"围观"这段广告的过程中，势必要深入地去了解Method及其产品特点、特色，而这样的主动了解，比起企业"推"式的宣传，效果要好很多倍，他们在无形之中很可能就已经接受了这个产品，甚至喜欢上了这个产品，成了一个特殊的目标客户群体。这就是那位营销专家所说的"从这条广告完成之日起，它本身就构建起了一个分销网络"的含义所在。

消费者已经不再满足于充当"看客"的角色，他们希望能够有更高的参与度。谁能给他们带来最深刻、最精彩的顾客体验，他们就最有可能倾向谁、选择谁。

像星巴克，它从来不满足于仅仅向顾客提供一杯咖啡。星巴克咖啡就要求每一位服务生都掌握咖啡知识以及制作饮料的方法，并成为这方面的专家，他们可以详细地为顾客解说每一种咖啡产品的产地、特性、冲泡方法，而且很善于与顾客进行沟通。在某些城市的星巴克，还会有一项叫做"咖啡教室"的服务：如果三四个顾客一起来喝咖啡，星巴克就会根据顾客的要求，为他们专门配备一名咖啡师傅。顾客对咖啡豆的选择、冲泡、烘焙等方面有任何问题，咖啡师傅都会耐心细致、毫无保留地向他讲解，使顾客能在品尝咖啡的同时，也学到了星巴克的咖啡文化，如果顾客非常想要自己尝试冲泡咖啡，咖啡师傅也会从旁指导。这样的一家星巴克店，已经不纯粹是饮咖啡的场所了，而是顾客深入体验咖啡文化的一座殿堂。

很多顾客都有着与生俱来的强烈求知欲与好奇心，帮助顾客实现学习有关产品的相关知识、弄清产品原理或制作方法的愿望，这既是在为顾客制造乐趣，营造体验，满足其思想、成就感与自我表达的欲望，更是企业营销自己的最佳方式。

企业必须深入开展与消费者的合作

消费者之间强调合作的趋势也开始影响到商业。如今，营销者已经无法全面控制自己的品牌，他们必须向日益强大的消费者团体妥协。企业必须和消费者合作，它表现出来的第一个特征是营销经理必须学会倾听消费者呼声，了解他们的想法，获取市场信息。当消费者开始主动参与产品和服务共建时，企业和他们的合作就会进入一个更深的层次。

——科特勒《营销革命3.0》

科特勒指出，消费者的传统角色正在发生大转变——他们不再是一个个孤立的个体，而是开始汇聚成一股股不可忽视的群体力量；在做出购买决策时，他们不再盲目地被卖方所引导，而是积极主动地通过线上线下多种途径搜集各种有关信息；他们不再被动地接受广告，而是主动向企业提出实用的反馈；他们不再是旁观者的角色，而是要求有更多的参与权甚至是主导权。

正是因为这种大转变，营销也就不可避免地发生演变。在过去，营销活动或者以产品交易为中心，强调如何实现销售，或者以消费者关系为中心，强调如何维系回头客并增加销售；而现在，营销开始演变为邀请消费者参与产品开发和信息沟通等活动。

当代商业大师普拉哈拉德及其同事克里施南教授曾提出一个"协同创新"的概念，他们认为，协同创新有3个层面：第一个层面，企业建立一个"平台"，可为消费者进行一般性产品的个性化定制；第二个层面，企业允许某个群体中的个体消费者为自己量身定制产品，以满足自己独特的需要；第三个层面，整合消费者的定制化信息，对其进行深入的研究分析，据此来丰富平台的内容。简而言之，就是给消费者以发挥创意的空间，让消费者可以充分地表达自己的意见、建议、创想，企业通过与消费者之间的这种合作，不断地改进、提升产品与服务。

宝洁公司在与消费者沟通和合作方面做得就很出色，它的营销策略彻底走出了传统的消费者调研和开发方式，更接近于海星模式。

海星模式是什么样的？如果你砍掉海星的一条腿，它还会长出一条新腿，就连那只砍掉的腿也会长成一个新的海星。《海星模式》的作者布莱福曼和贝克斯特朗认为，这种模式将是企业未来的营销发展方向，它"无头无尾，更像是一群努力协作的细胞"。

宝洁就是一个坚持开放创新计划的"海星"，宝洁公司很多知名产品都是和消费者共同开发创建的，如玉兰油新生焕肤系列产品、速易洁除尘拖把和佳洁士电动牙刷等。外部创新计划对宝洁的营业收入贡献高达35%。正是因为与消费者之间的这种合作，使得宝洁在全球的管理者和供应商们都能源源不断地获取各种鲜活生动的营销创意。

消费者不仅能在产品开发上襄助企业，在营销方式上也能贡献他们的力量和灵感。多力多滋曾经向用户征集广告创意，最后采用的由用户制作完成的"多力多滋免费送"广告一举登上了第21届美国超级碗广告点播量榜首的位置，反响之强烈，让众多专业广告公司的作品都相形见绌。

有消费者合作参与的营销活动，往往更容易接近消费者，也更容易被消费者所认可和接受。让消费者参与产品共建，消费者可以借此展现自己的能力，满足自己的成就感，还可以以类似于"DIY"定制的方式打造自己想要的产品和服务，这个体验的过程能给消费者带来极大的愉悦与满足。

企业从这种合作中获益会更多，不仅能加深与目标用户群体的关系与信任，更能获得最真实的市场反馈和创意构想。企业应努力推进与消费者的合作，倾听消费者的声音。

第五篇

超竞争时代:比竞争者做得更好一点

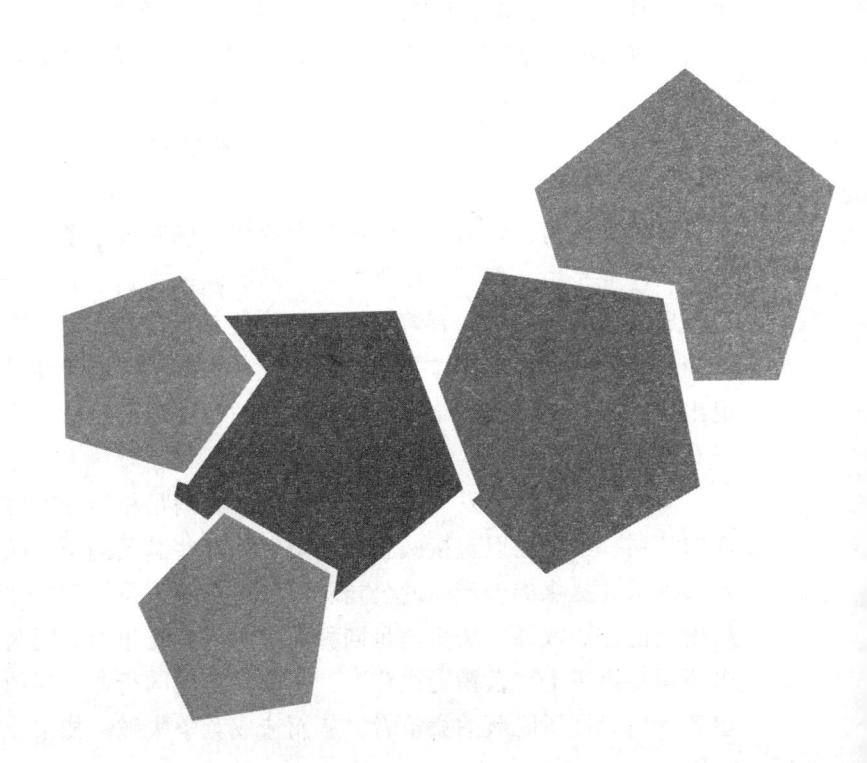

第一章
识别、分析、选准自己的竞争对手

识别竞争者：从产业和市场出发，克服"近视症"

> 相比于将竞争定义局限于产品类别的做法，从产业和市场的角度去研究竞争能揭示更广泛的实际和潜在的竞争者群体。营销人员必须克服"营销近视症"，不能再用传统的产品类别来定义竞争。
>
> ——科特勒《营销管理》

科特勒认为，营销人员应该从产业和市场两个角度来研究竞争。产业是由一群可以提供同一产品或同一类别产品的公司所组成，这些产品之间有着极强的替代关系。营销人员可以根据销售者的数量，产品差异化的程度，进入壁垒、流动性以及退出壁垒的有无，成本结构，垂直整合的程度以及全球化程度来对产业进行分类。

而从市场角度出发，竞争者可以定义为满足相同的顾客需求的公司。给公司以直接威胁的竞争者是那些满足同样的顾客及其需求并提供类似产品的公司。但公司更应该重视的是那些采用其他方法或新方法来满足同种需求的潜在竞争者。因为很多公司都会患上"营销近视症"，它们只关注同行业显现的竞争者，而忽视了隐蔽的竞争者，从而造成竞争失败。如果公司忽视了这些潜在的竞争对手,那么当他们的实力足够壮大的时候,将会给公司带来致命的威胁。

例如,可口可乐公司曾经因为专注于软饮料,而放松了对咖啡吧、新鲜果汁吧市场的关注,最终使得其软饮料业务受到重大的冲击。还有,像新媒体对传统电视媒体、数字出版对传统纸质出版,都是一种潜在的威胁,甚至已经升级为明显的、直接的威胁。如果你制造玻璃瓶,那么那些生产塑料瓶、铝罐和纸板盒的制造商都可能是你的竞争对手。要识别来自行业之外的潜在入侵者,企业需要搞清楚什么资源是在自己的细分市场内获胜的基础,以及在所处的细分市场和行业之外,有哪些企业拥有的资源无论是在类型还是在数量上都符合这一要求。

从不同角度出发,我们可以对竞争者进行分类。

如果从行业的角度来看,企业的竞争者可以分为:

一是现有的竞争者,也就是行业内已经存在的与本企业生产同样产品或者从事同类业务的企业;

二是潜在进入者,只要一个行业前景乐观、有利可图,就会引来新的竞争企业,使该行业的市场份额和主要资源进行重新洗牌和分配。还有一些多元化经营的大型企业也常会利用其资源优势从一个行业侵入另一个行业。

三是替代性的竞争者:与某种产品具有相同功能、能满足同一需求的不同性质的其他产品,就属替代品。只要有替代品出现,行业内的所有企业都将面临与生产替代品的其他行业的企业的竞争。

如果从市场的角度来看,企业的竞争者可以分为:

一是品牌竞争者,也就是同一行业中以相似的价格向相同顾客群体提供类似产品或服务的其他企业。比方说,个人电脑市场中,惠普、戴尔、联想、华硕、明基、宏基等就互为品牌竞争者。品牌竞争者之间的产品相互替代性较高,因而竞争非常激烈,各企业均以培养顾客品牌忠诚度作为争夺顾客的重要手段。

二是行业竞争者,也就是提供同种或同类产品,但规格、型号、款式不同的企业。所有同行业的企业之间存在着彼此争夺市场的竞争关系。如迪奥、兰蔻、雅诗兰黛、倩碧、雅芳、玉兰油、小护士、丁家宜等品牌,虽然定位的层次不一样,但却是行业竞争者的关系。

三是需要竞争者,是指提供不同种类的产品,但满足和实现消费者同种需要的企业。举个最简单的例子,长途客车、火车、飞机、船舶都能满足人们出行的需要,如果火车票票价上涨,或者难以购得时,利用飞机、长途客车出行的旅客就可能增加,它们之间就是需要竞争者的关系。

四是消费竞争者,指提供不同产品,满足消费者的不同愿望,但目标消费者相同的企业。比方说,一些高收入群体,他们既可以花钱旅游,也可以投资,还可以购车购房等,虽然目的不一样,但必然会激发不同企业相互争夺这些消费者购买力的竞争关系。

如果从企业所处的竞争地位来看,竞争者的类型可以分为:

一是市场领导者,也就是在某行业中占据第一位的企业。这类企业在产品开发、价格变动、分销渠道、促销力量等方面往往处于主宰地位。

二是市场挑战者,它们在行业中处于第二、第三甚至更低的次要地位。

三是市场追随者,它们在行业中居于次要地位,并安于次要地位,在战略上追随市场领导者。

四是市场补缺者,它们多是行业中相对较弱小的一些中、小企业,专注于市场上被大企业忽略的某些细小部分,在这些小市场上通过专业化经营来获取最大限度的收益,在大企业的夹缝中求得生存和发展。

总的来说,企业要克服"营销近视症",不能轻易放过任何一个可能的竞争者，要从不同的角度识别自己的竞争对手，关注竞争形势的变化，以更好地适应和赢得竞争。

分析竞争者：每一个细节都不要放过

如果要准备一个有效的营销战略，除了要了解实际和潜在的顾客外，公司还必须了解自己的竞争者。公司一旦识别了其主要竞争者，那么它就必须查明这些竞争者的目标、战略、优势和劣势。

——科特勒《营销管理》

分析竞争对手，这是营销中的一个关键性环节，也是公司能否在竞争中制胜的一个很重要的影响因素。科特勒认为，公司在确定了自己的主要竞争者后，要对其做全面的了解和深入的分析，尤其是下面这三点，更是要认真地做出研究判断：

第一，竞争者的目标。

了解竞争者的目标，可以帮助公司更好地判断并预测竞争者的战略以及对外部事件或者对其他公司的战略举动可能做出的应对。

竞争者的目标会受许多因素影响，例如公司规模、发展历程、管理现况、财务状况等。竞争者的目标是追求成长、利润还是现金流？这些都需要公司去摸底探清。公司特别要监测并关注竞争者的扩张计划。

第二，竞争者的战略。

竞争者会采取什么样的战略与策略来实现其营销目标，会以什么样的方式应对竞争，这些都是很关键的情报信息。只有尽可能多地掌握这类信息，公司才能做更全面的准备与规划，防备竞争者，在竞争中获得更主动、更强势的优势。

第三，竞争者的优势和劣势。

竞争者的优势和劣势将决定它发起或应对战略行动的能力

以及处理所处市场环境中事件的能力。公司要对此进行实事求是的评估，既不高估而怯战，也不低估而轻敌。除了优势和劣势，公司还要监测竞争者的市场份额，这不仅仅包括竞争对手在目标市场中所占的实际份额，还应包括竞争对手在消费者群体之中所占据的心智份额、情感份额。

对于竞争对手，是对抗他，超越他，还是学习他？这是公司能否在市场之中站稳脚跟必须做出的选择。要想战胜竞争对手，要想生存发展，一个重要的手段或者说一个重要的课题就是尽可能多地去了解竞争者。

比尔·盖茨曾说："一个好员工应分析公司竞争对手的可借鉴之处，并注意总结，避免重犯竞争对手的错误。"微软有一个团队，专门分析竞争对手的情况，包括什么时间推出什么产品，产品的特色是什么，有什么市场策略，市场的表现如何，有什么优势、什么劣势，等等。微软的高层每年都要开一个会，请这些分析人员来讲竞争对手的情况。微软这样做的目的就是为了更接近竞争者，知己知彼，百战不殆。

阿瑟·D.理特咨询公司曾经对一家企业在目标市场中所处的竞争地位做了这样的划分：

主导地位。行业中占主导地位的企业支配着其他竞争对手的行为，并且在策略选择上有着广泛的余地。

得势地位。属于得势地位的企业可以独立运作，并且不会危及本企业的长期市场地位，无论竞争者如何行动，它们都能保持自己的长期地位。

有利地位。这类企业有力量执行特定的策略，并且拥有较多的机会来改善其市场地位。

足以维持。这类企业自身经营得当，足以维持营业。但它们的存在是在那些占有优势地位的企业默认许可下的，改善其自身市场地位的机会较少。

弱势地位。这类企业的经营状况不佳，但仍不乏改善的机会，它们必须进行革新，否则将被迫退出市场。

难以维持。这类企业经营状况极差，难以维持正常运营，而且没有转机。

居于主导地位的企业不能因为自身所占据的优势、强势地位就放松对身后追赶者的监控。而居于主导者之后的其他企业更要高度关注身边的竞争者，既要看到前面的领先者，也要看到身边的同行者，同时还要提防那些力量暂时不够强大的企业。

商场如战场，任何一个战场上都缺不了斥候。营销人员对企业而言，就是身在一线的斥候，必须要像侦察兵一样，去刺探、了解、分析自己的竞争对手，了解同行的经营目标、产品开发、市场营销、人才战略等情况，了解竞争对手的战略和目标、优势和劣势，这样才能提出相应的应对策略与对手周旋、竞争，使自己的企业不被对手蚕食、吞并、打垮，并确立行之有效的竞争战略和营销策略。

选择竞争者：强与弱，近与远，良与恶

在对顾客价值和竞争者进行细致全面的分析之后，企业就可以全力出击，对付下列类型的竞争者：强与弱，近与远，"良性"与"恶性"。

——科特勒《营销管理》

科特勒认为，任何一个企业，它要面对的竞争者很多，规模与实力都不一样。企业要从中去判断哪些竞争对手是对自己最具有威胁力的。科特勒提出了3种竞争对手的类型：

一是强与弱。很多企业将目标瞄准弱小的竞争者，通过与它们的竞争来稳固自己的市场地位，由于强弱悬殊，因此每获得单位市场份额只需要较少的资源投入。但企业更要警惕在行业内占据较大市场份额的强大的竞争对手，即使是行业内的强

者,也会有其软肋,并非像表面上看起来那样不可战胜。

二是近与远。近距离的竞争者是指与本企业在业务上有直接竞争关系的企业,例如,对雪佛兰来说,福特要比法拉利更有威胁力,福特就是近距离的竞争者。在此同时,企业也应识别远距离的竞争对手,比方说对于美国钢铁公司,贝特勒海姆钢铁公司可以说是它的近距离竞争者,而令它更担心的是生产塑料、铝等产品的远距离的生产者。

三是"良性"与"恶性"。几乎在每一个行业中,都会有"良性"与"恶性"竞争者之分。"良性"企业按照行业规则行事,并根据成本来制定合理的价格,它们促进了行业的健康成长。而"恶性"竞争者则喜欢走捷径,通过价格混战、渠道混战以及对其他企业的产品或策略进行恶性打压或排挤来抢夺市场份额,它们本身就有很大的风险性,很容易破坏行业内的平衡状态,搅乱整个行业秩序。对于严重威胁市场竞争的"恶性"对手,企业有必要给予打击,甚至是淘汰它们。

在选择竞争对手时,企业既要将竞争能力构成因素逐项与竞争对手相比较,也要拿产品的主要特性和竞争对手的产品进行比较分析。这样,才能全面地明确本企业产品的优势和劣势,为制定市场竞争战略提供具体依据。

在考察对手的综合竞争能力时,有很多要点是不能疏忽的,比方说市场占有率、销售人员数量及其配置情况、销售渠道、销售服务体系、制造成本、产品价格、产品质量、研发能力、品种齐备性、广告宣传能力、综合收益能力,等等。

企业可以就这些指标与竞争者进行一一对比,这样,可以很清晰地发现企业相对于竞争者优势何在,劣势何在。对比之下,企业也可以更加理性地找准自己的竞争对手。

不管竞争对手是强与弱,近与远,还是良与恶,企业都应有一个良好的竞争心态。生物界有一个共识,那就是没有天敌的动物多半会灭绝,而敌人越强大,其进化速度则越快,适应能力也更强。动物世界如此，商业世界更是如此。现在的商业竞争已经进入了一个竞合时代。竞合时代与竞争时代相比，前者最大的特点是在竞争中实现双赢，实现强强联合，取长补短，通过规模优势加强整体的竞争实力。

比方说宝马和奔驰，我们可以看到，奔驰的每一个车系其实都能在宝马的阵营中找到影子，但又绝非仿造雷同。宝马与奔驰在相互学习的过程中保持了自己惯有的风格。可以说，它们共同拱卫着豪华车的领地，抵御第三者的入侵，可以说是"两夫当关，万夫莫开"。在它们的竞争过程中，没有价格战的硝烟，而是各凭竞争优势寻求差异化的品牌策略，构建起了良性的竞争环境。所以，尽管这二者的市场定位和目标客户群高度重合，但它们却没有生产过任何一款同质化产品。"开宝马，坐奔驰"，前者强调驾驭乐趣，后者强调乘坐舒适，这已经成了消费者心目中对这两个品牌鲜明的品牌印象。

通过竞合组成攻守同盟的不光是宝马与奔驰，像麦当劳与肯德基、可口可乐与百事可乐、宝洁与联合利华、阿迪达斯与耐克、中国移动与中国联通……他们既是敌人，却更是领导行业并驾齐驱的两驾马车。他们通过彼此间的竞合，使得市场容量大增，使得行业进步，更实现了各自的扩张与增长。

没有永恒的敌人，只有永恒的利益。竞争者既是如芒在背的威胁者，也是最好的磨刀石，企业要理性睿智地选择竞争者。对手就是镜子，可以让企业清楚地认识自己的优劣势，有了参照物，才会更加清醒，更加勤奋。

企业要取得成功，必须构建核心竞争力

从传统的意义上讲，企业往往拥有和控制着企业在某一个领域中展开经营活动所需要的大部分资源——人力、原材料、机器、

信息和能源,但是,现在情况已经发生了变化。目前,只要有可能,许多企业都是从外部来获得质量更好或成本更低的非核心资源。此时,关键是掌握和培育企业开展经营活动所必需的核心资源和能力。

——科特勒《营销管理》

科特勒所说的核心能力是指能为企业进入目标市场提供潜在机会的能力,是能借助最终产品为目标顾客利益做出重大贡献的、不易为竞争对手所模仿的能力。从这句话中,可以看出,核心能力应该具有这样3个典型特征:第一,它是竞争优势的源泉,并能够对顾客感知利益做出重大贡献;第二,在市场上具有广泛的应用性;第三,竞争者很难模仿。

在科特勒看来,企业生存发展的关键是掌握和培育出核心的资源和能力,而其他非核心的资源完全可以从外部获取。最鲜明的例子就是耐克,它自己并不生产鞋子,但是标有耐克标志的鞋子却享誉世界,这正是因为耐克在鞋的设计和营销方面培育出了强大的核心能力与优势,至于鞋子的生产,它完全可以交给那些生产能力强、制造成本低的厂商。

核心竞争力是一种能力,而不是一个产品,更不是产品的一种属性。企业核心竞争力是企业的生命线,是企业运行、发展的动力源,是企业战略的核心部分。这种核心竞争能力的打造不是一蹴而就的事情。一个企业要取得成功,就必须为顾客提供比竞争者更高的价值和满意。所以,企业不能仅仅适应目标消费者的需求,还必须通过在消费者心目中建立比竞争对手更强势的定位来获得战略优势。

美国学者弗雷德·克劳福德和瑞安·马修斯,通过对世界知名的公司进行研究,总结出这些企业成功的共同特征:产品稳定、价格诚实、购买便利、独特体验和服务践诺。这基本上与营销的4P要素相吻合。更令人惊奇的是,调查结果显示:最出色的公司也只是在5个属性中的某一个属性方面有绝对优势，在另一个属性上保持领先，而在其他3个属性上保持平均水平。

换句话说，每一家公司面临着选择：把哪些属性做得最出色，把哪些属性做得优秀，而把哪些做成平均水平。这是一个取舍的过程，也是营销定位的过程。营销定位成功的例子比比皆是，像戴尔电脑成功于直销优势，星巴克成功于独特体验，沃尔玛成功于价廉物美，而他们的产品并非与别人有多大的不同。企业构建自己的核心竞争优势可通过以下三大步骤来完成：

第一，识别可能的竞争优势。消费者所选择的总是那些能给他们带来最大价值的产品和服务。因此，赢得和保持顾客的关键是比竞争对手更好地理解顾客的需要和购买过程，以及向他们提供更多的价值。通过提供比竞争对手低的价格，或者提供更好的质量和服务，企业需要找到机会使自己的营销区别于其他企业，从而赢得竞争优势。企业一般从产品差异、服务差异、人员差异和形象差异等方面进行区别。

第二，选择合适的竞争优势。对企业而言，并不是所有的品牌差异都是有意义或有价值的，也不是每一种差异都能成为很好的区别因素。每一种差异都有可能在给顾客带去利益的同时增加企业的成本。因此，企业必须仔细地挑选区别于竞争对手的竞争优势。

比方说同仁堂，这个品牌最吸引人的地方就是它的秘方，它的生产技艺都是师傅徒弟手把手地教，一代一代地传，客观上限制了商品的大规模生产和被模仿，这对竞争对手就构建起了难以逾越的壁垒，让他们很难超越。除了同仁堂，像内联升的千层底儿鞋制作工艺、全聚德的烤鸭工艺、宫廷御厨的菜谱等，这些老字号都是靠着秘方与传承打造出了自身的核心竞争力。

第三，经营自身核心的竞争优势。企业确立了自己的核心竞争优势之后，更要用心经营，一方面，要将这种独特竞争优势准确地传播给潜在顾客，使顾客了解、知道、熟悉、认同、喜欢和偏爱本企业的市场定位,并在顾客心目中留下深刻印象;另一方面,要不断加强、巩固并提升这种核心竞争优势,防范竞争对手的追赶与超越。

现在各行各业竞争如此激烈,企业如果不能找到自己的优势与长处,不能形成自身核心竞争力,那是极其危险的。企业应对自身的优势和劣势有清醒的认识,从自身优势中去提炼并打造企业的核心竞争力。

第二章
十面埋伏，竞争无处不在

企业面临着五股竞争力量的威胁

> 企业面临着五股竞争力量的威胁，分别是：行业竞争者、潜在进入者、替代者、购买者以及供应商。
>
> ——科特勒《营销管理》

科特勒认为，无论在行业中处于何种地位的企业，都随时面临着竞争，这不仅仅指行业内其他企业的挑战与威胁，还有来自其他多个方面的竞争。在传统观念中,企业研究竞争环境时，往往只着眼于那些直接发生竞争的企业，但是在今天，竞争已经不仅仅是竞争对手之间的战斗，而更多地被看作顾客获取所需价值的各种可行途径之间的竞争。随着不同行业之间界限的模糊化，这一点也显得特别重要。比方说，网络视频跟传统电视台争夺观众，手机制造商涉足汽车业甚至是房地产等，现在，我们已经不能以行业界限来定义一个市场，更不能以此来定义自己的竞争者。

企业现在面临着5种竞争力量的威胁，它们是——

1. 同行业的直接竞争者。

在同一个行业当中，如果已经有了众多、强大或者竞争意识强烈的竞争者，那么该细分市场就会失去吸引力。如果该市场处于稳定期或者衰退期，而生产能力不断大幅度扩大，将导致固定成本过高，撤出市场的壁垒过高。

2. 供应商。

供应商有两个手段可以威胁到企业的发展，一是提高供应价格；二是降低供应产品或服务的质量，从而使下游行业利润下降。如果企业无法通过价格结构消化增长的成本，它的利润就会因为供应商的行为而降低。

3. 顾客的讨价还价能力分析。

企业追求的是更高的投资回报率，而顾客追求的是以最小的支出获得最好的产品和最优质的服务。为了减少支出或降低成本，顾客通常会讨价还价，寻求更好的产品、更多更好的服务以及更低的价格；同时，行业内企业之间的竞争，也会让买方坐收渔翁之利。

4. 替代品。

如果企业所服务的市场存在着替代品或潜在替代品，那么该市场的吸引力就会大大降低。替代品是指那些来自不同行业的产品或服务，这些产品或服务的功能与该行业的相同或相似。一般说来，如果顾客面临的转换成本很低甚至为零，或者当替代品的价格更低，或质量更好，性能相似于甚至超过竞争产品时，替代品的威胁会很强。

任何企业都应密切注意产品的价格趋向，如果在这些替代品行业中技术有所发展，或者竞争日趋激烈，就有可能导致该细分市场的价格和利润下降。在顾客认为具有价值的地方进行差异化，如价格、质量、服务、地点等，可以降低替代品的竞争力。

5. 潜在进入者。

潜在进入者是指那些可能加入这个行业，成为企业直接竞争对手的企业。当某一行业，尤其是新兴行业获得高额利润时，资本就会大量流入，不仅行业内现有的企业会增加投资以提高生产能力，而且行业外的企业也会被吸引到该行业中进行投资。例如，在房地产如火如荼的时候，受到高利润的吸引，很多有一定资本实力的企业纷纷涌入，试图从这个市场分一勺羹。

可见，企业除了要防范行业内的直接竞争者，还要对其他四股竞争力量提高警惕，这5种竞争力量对企业都有一定的威胁力，对其中的任何一个，企业都不能掉以轻心。

行业竞争者：细分市场的容量是有限的

如果一个细分市场已经有大量强大的激进的竞争者存在，那么它不会有吸引力。如果该细分市场已经稳定甚至衰退，工厂生产能力不足，固定成本和退出壁垒高，或者竞争者在细分市场中投资很大的话，那么这个市场更不具有吸引力。

——科特勒《营销管理》

科特勒认为，一个细分市场的容量是有限的，如果有太多的企业争夺这一片市场，就很可能导致惨烈的价格战、广告战、渠道战等，使得参与竞争的代价很高。像手机市场就是由于细分市场的竞争关系导致竞争异常激烈。

很多人都听过这样一个故事——

一天，一个犹太人来到小镇上。他发现这个小镇很有潜力，所以投资开了个加油站。过了一段时间，第二个犹太人也来了，发现加油站生意很不错，人气越来越旺了，所以投资开了个餐馆。又是一段时间，第三个犹太人来了，开了个酒店，第四个、第五个……不久之后，小镇就成了一个经济繁荣的小镇。

而中国人发现一个有潜力的镇子会怎么做呢？当第一个人投资开了加油站，获得不错的收益时，第二个人也会立马跟进，开一家新的加油站，第三个人来了，继续开第三家加油站，然后是第四个人、第五个人……

这个故事并不夸张，在很多行业里，我们都能看到这种同质化的竞争。很多公司做生意都喜欢一窝蜂，当看到某个行业某种生意能成功赚钱，那么，不出一两年，市场上绝对会有一批新的竞争者争相进入，引发恶性竞争。

放眼市场，我们很难找到一种没有竞争对手的行业，一条街上，一个社区里很容易就能找出三四家洗衣店，五六家便利商店，七八家美发店，十多家餐厅，二十几家小吃摊……没有一个行业没有竞争对手。

有句话说，同行是冤家，这句话从某种程度上来说确实反映了现实。要避免与较强的竞争对手相抗衡，企业需要采取一定的区隔策略，比方说，选择不同的区域市场，避开和主要竞争对手的面对面搏杀，这是市场区隔；选择不同的目标群体，这是对象区隔；在产品上实行差异化，针对不同对象提供不同产品，这是产品区隔……通过这些区隔策略，企业可以为自己留出一块相对而言较稳定、竞争不那么激烈的市场空间。

面对强大的同行业竞争对手，竞争是残酷的，如果势不两立，必定两败俱伤，最好的办法是谋求共赢。共赢有利于自身的发展，只有竞争才会有进步。竞争还有利于行业的发展，一木难以成林，当一个行业有良性竞争时，相关品种会增多，产品的结构也会丰富，这样能推动整个行业的进步，提高整体产销量。与竞争对手合作也有利于产业链的共同发展，一个产品成熟了，相关的配件配套设施会更完善，更有利于企业的发展。此外，同行联手能够共同抵抗外来产品的入侵，提高整体抵抗力。

对于行业内领先型的竞争者，学习它们的成功模式可以减少市场风险，也可以让企业少走很多弯路。如果能够模拟出竞争者成功的根本模式，并结合企业实际加以运用，可以避免很多最初阶段很难逃过的风险。

对于行业内的一些搅乱正常市场竞争的对手，企业应更警惕。市场竞争就是大鱼吃小鱼，但几乎在每一个市场，都会有一些小鱼小虾，它们图的不是长远的发展，而是一时之利，为了获得利润和市场份额，它们可以置市场规则于不顾，采取无所不用其极的手段，比如一味地挑动价格战，或者生产假冒伪劣产品，等等，这种非正常的竞争会破坏整个行业的内在结构与外在形象。企业对这一类型的对手，应该联合行业内的其他企业，强势压制住或者清理掉它们。

总之，竞争是无处不在的，要想在竞争中胜出，企业要有打持久战的准备。同时，也不应该把竞争对手视为敌人，没有竞争就没有市场，没有市场便无法生存。理智分析对手，寻求共赢，谋求差异化之路，这样企业才能在竞争中活得更好。

潜在进入者：有利润，就会有跟风

所谓潜在进入者，可能是一个新办的企业，也可能是一个采用多元化经营战略的原从事其他行业的企业，潜在进入者会带来新的生产能力，并要求取得一定的市场份额。潜在进入者对本行业的威胁取决于本行业的进入壁垒以及进入新行业后原有企业反应的强烈程度。

——科特勒《营销管理》

潜在进入者指的是暂时没有对企业构成威胁但是具有潜在威胁力的竞争对手。当某一行业发展较为迅速的时候，该行业便不可避免地会吸引更多竞争对手加入其中，有时候这种冲击甚至可以动摇整个行业。

潜在进入者会直接影响到行业的竞争强度和赢利性。具体而言，它们的存在会加剧行业对下游市场需求量的争夺和分流，同时也会加剧对上游资源的争夺和分流。潜在进入者对行业是利是弊,不能一概而论,而是与行业的发展周期有着密切的联系。

通常,当行业处于导入期时,随着潜在进入者的进入,行业生产量不断扩大,行业生产能力随之提高,单位产品生产成本会较快降低,行业赢利能力将提高。在这个时期,潜在进入者更多地起到培育市场的作用,能够推动行业的发展。

当行业处于成长期时,由于需求量增长迅速,潜在进入者一般会对需求进行细分分流,这从表面上看似乎不利于行业内的竞争者,但由于需求量迅速增长,行业内现有生产能力可能并不能满足快速增长的需求,如果没有新的加入者,需求未被满足的消费者可能会寻求替代品,替代品行业的激活可能会颠覆对现有行业的需求,影响行业赢利能力。所以说,成长期进入的潜在竞争者对整个行业是有其积极意义的。

当行业进入成熟期时,需求量增长缓慢,竞争更加激烈,行业吸引力开始下降,潜在进入者通常不大可能选择进入。但成熟期虽然需求量增长缓慢,但需求总量很大,从现金流角度看,对某些潜在进入者仍是有吸引力的。

当行业处于衰退期时,需求量急剧萎缩,行业资本收益率下降,部分行业内的企业都会选择撤资退出,而潜在进入者如果要进入该行业,更是会慎之又慎。

在成熟期和衰退期,潜在进入者的威胁可能并未减小。少数实力很强的潜在进入者仍可能选择这个时机进入,并通过并购、重组等手段,以低廉价格得到相关资产,凭借自身优势对行业内企业形成很大冲击。

潜在竞争者是否会进入某个行业,主要取决于以下几大因素:

第一大因素是进入该行业的可能性,这主要取决于该行业的发展前景。如果该行业增长速度快,赢利潜力大,那么潜在竞争对手进入该行业的意愿就越强。但是,竞争对手能否顺利进入该行业还要看该行业的进入壁垒的强弱程度。

第二大因素是进入壁垒的强弱程度,进入壁垒是指新企业进入一个行业所必须负担的生产成本以及所面临的一系列不利因素和障碍,主要反映产业内现有企业和待进入该产业的潜在企业之间的竞争关系。新进入者在进入一个行业之前,必须评估自己是否有足够的实力应对目标市场中的种种风险和阻碍。

第三大因素是预期的报复,这指的是该行业的现有企业对于潜在进入者所持有的态度以及可能做出的反应。现有企业的反应越激烈,潜在进入者面临的阻力就越大。为了维护共同的利益,行业内现有的企业甚至会联合起来,一致对外,阻止新的进入者。

综合这些因素,潜在进入者进入某个行业需要做充分的调研和评估,谨慎决策。而行业内现有的企业则可以通过上面所述的各种方式,来提高行业的进入壁垒,从而防范并抑制新进入者。

替代者:比现有竞争对手更具威胁力

存在实际的或潜在的替代品的细分市场不具有吸引力。替代品对价格和利润设置了限制。在这些替代品行业中,如果技术进步或者竞争激烈了,那么价格和利润都可能下跌。

——科特勒《营销管理》

科特勒认为,竞争不仅仅包括所有的现实竞争对手、潜在竞争对手,还包括购买者可能考虑的替代产品。

比方说,如果一家汽车公司打算购买钢材来制造汽车,那么就可能有几个层次的竞争。这家公司可以从美国钢铁公司购买钢材,同时它也可从众多外国钢铁公司那里购买钢材,或者本着节省成本的目的从纽克公司那样的小型钢铁厂采购。除此之外，它还可以从阿尔钦公司购买铝，代替钢材来做相应的汽车零部件并减轻汽车重量，或者也可以从其他公司购买工程塑料。很显然，如果美国钢铁公司只将其他的钢铁公司视为自己的竞争对手的话，那就太过于狭隘了。事实上，从长远来说，未来对该公司造成最大冲击的，很可能就是那些生产替代产品的生产厂家，而不是那些行业内的其他钢铁企业。

同行竞争很好理解，但是即便是两个处于不同行业中的企业也可能会由于所生产的产品互为替代品而产生相互竞争行为，这种源自于替代品的竞争会以各种形式影响行业中现有企业的竞争战略。

首先，现有企业产品的售价以及获利潜力，会因为存在着能被用户方便接受的替代品而受到极大限制；其次，由于替代品的存在，使得现有企业必须提高产品质量，或者通过降低成本来降低售价，或者使其产品更具有特色，否则其销量与利润增长的目标就有可能受挫；再次，源自替代品生产者的竞争强度，受用户的转换成本高低的影响，如果转换成本足够低，那么用户可以自由地在企业产品与替代品之间选择，这样一来，替代品对企业产品的威胁就极大。总之，替代品价格越低、质量越好、用户转换成本越低，其所能产生的威胁力就越强。

替代者的隐蔽而又强大的竞争力，为企业参与竞争提供了另一种视角。企业如果跳出行业看行业，跳出产品看产品，就会发现，其实竞争分两种，一种是完全同类产品之间的竞争，是你死我活的竞争，一方要把另一方打压下去，以使自己生存下来，这种竞争充满了血腥之气。而另一种则显得比较温和，它是不同类产品间的替代，很多时候都是静悄悄地发生的，当替代者成功后，被替代的竞争对手眼看着品牌已经长大，往往束手无策。事实上，可口可乐当初也是运用了替代思维才把市场充分放大的。

第五篇 超竞争时代：比竞争者做得更好一点

20世纪80年代的时候，可口可乐就已经占据了美国软饮料市场35%的市场份额，当时几乎所有人都认为市场已经足够成熟，而百事可乐正奋起直追，对可口可乐造成了极大的冲击。很多证券分析家都快给可口可乐唱挽歌了，他们认为在这样一块如此饱和而竞争又如此激烈的市场，可口可乐不可能有更大的发展。

就在这时候，时任总裁的罗伯特·格祖塔提出了一个振聋发聩的见解——在"人们的肚子里"，可口可乐的份额是多少？他说："我不是说可口可乐在美国的可乐市场占有的份额，也不是说在全球的软饮料市场占有的份额，而是在世界上每个人都需要消费的液体饮料市场所占的份额！"他的话让大家都醒悟过来，在"人们的肚子里"，可口可乐的市场份额少到几乎可以忽略不计，自然就还有无限大的发展空间。

罗伯特·格祖塔给可口可乐带来了观念的革新，他认为，可口可乐的敌人不是百事可乐，而是咖啡、牛奶、茶、水，等等。可乐行业巨大的市场空间超出任何人的想象，可口可乐拥有无可限量的市场前景，至此，可口可乐迎来了它历史上新的发展高峰。

在传统营销观念中，相同的产品构成同一个市场，在这个市场中，消费者是固定的，市场的容量也是固定的，你得到的多，那我得到的就必然少，因此竞争常常是针尖对麦芒，伤敌一千，自损八百。而在新的营销观念中，相同的需求构成同一个市场，企业可以通过不同的产品去满足同一种消费者需求。譬如，上网可以通过电脑，还可以通过手机，就看谁能为消费者创造更大的价值，更好地满足其需求。这样一来，企业的重心就集中到了满足消费者的需求上，在竞争中，注意力也会集中于消费者的满意度和忠诚度上，而不是单纯地关注竞争对手出了什么招，用了什么方法，这样更能形成一种健康的行业氛围。

购买者：与越来越精明的顾客博弈

> 如果购买者拥有强大的或不断增长的议价能力的话，该细分市场不具有吸引力。当购买者更加集中或有组织，或者产品在购买者的成本中占较大比重，或者产品是无差异化的，或者购买者的转换成本低，或者购买者由于低利润而变得价格敏感，或者他们能够整合上游时，购买者的议价能力得以提高。
>
> ——科特勒《营销管理》

科特勒认为，买方的议价能力在一个行业中有举足轻重的地位，如果买方议价能力强大，或者占据优势地位的话，那么，这样的行业对卖方而言，就有了一定的难度和壁垒。买方议价能力是指买方采用压低价格、要求较高的产品质量或索取更多的服务项目等竞争手段，从卖方与竞卖者彼此对立的状态中获利的能力。

买方的议价能力受到下列因素的影响：相对于供应商数量的买主数量、购买量、可供备选的替代产品数量、买方选择替代产品的成本以及购买者所掌握的信息量的多少等等。比方说，汽车厂家比起一个小汽配修理厂来说，就具有更强的议价能力，因为它是大买家，而且一般有多个供应商可供选择，其替代成本相对而言比较低。再如，在个人电脑行业，电脑生产商相对操作系统软件商微软的议价能力就很低。

在什么样的情况下，买方会拥有更强大的议价能力呢？

1. 买方大批量采购，或者买方采购的数量占卖方生产总量的一个比较大的比例。

2. 卖方固定成本高，必须在充分使用生产能力的基础上实现赢利。

3. 卖方存储成本高。

4. 买方为购买产品所付出的占了成本的很大部分。
5. 对买方而言，有大量的替代产品可供选择。
6. 买方转向其他产品或替代品的成本很低。
7. 买方有足够实力向下整合，也就是由买方变为卖方。
8. 购买者掌握充分的信息。

消费者总是希望以最小的成本获得最大的利益，因此，讨价还价的价格谈判几乎是任何交易中所不可缺的。有的时候，为了在卖方面前占据更强势的谈判地位，买方会联合起来，组成一个团体，与卖方议价。

2012年，搜狐视频、腾讯视频、爱奇艺这三家视频网站联合宣布，将共同组建"视频内容合作组织"。这个组织以"联合购买，联合播出"为理念，三方约定将对国内外优质视频版权内容进行联合采购及联播，而对于三方各自已经采购的影视剧资源，则开展置换合作，以应对影视剧飙涨的版权价格，推动整个视频行业形成可持续的良性发展。

有数据显示，影视剧的新媒体单集版权价格从2009年的数万元上涨至2011年的上百万元。专家认为，这在很大程度上是因为对版权内容缺乏理性的判断，信息不透明，各个网站"恐慌性出价"，不管内容好坏，一律往高了报价，结果导致版权价格出现远远溢出平均价值的泡沫。

海量的内容是一家视频网站生存的根本，而价格的飙升对视频业来说无疑是致命的。这三家视频网站的联合合作，就是为了让版权价格尽量回归理性。三家通过合作能实现多方面的利益：第一，可以很好地把控成本，与版权方进行价格谈判，也有了更大的优势；第二，可以通过合作采购的形式购买差异化的内容；第三，这种强强联手的联盟式竞争既能对行业内的龙头老大产生强烈冲击，又能抬高网络视频业的行业壁垒，进一步压缩中小型视频网站的生存空间。

当版权价格急剧飙涨居高不下时，作为版权的购买方，视频网站是非常吃亏的。而三家联盟能大大提升购买方的议价谈判能力，各家都能以相对较低的成本获得更为丰富的版权内容。

不仅企业之间可以通过这种联合合作来提升自己作为买方的谈判力，消费者同样也可以。例如曾经红极一时的团购，其本质就是消费者联合起来，形成一个数量庞大的群体，从而令卖方降低价格，给出更大的优惠，而如果是个体的消费者去争取，这样的优惠是很难争取得来的。

供应商：上游不安，下游不稳

如果公司的供应商能够提高价格或者减少供货数量的话，那么该细分市场不具有吸引力。如果供应商集中且有组织，或者他们鲜有替代者，或者供应的产品是非常重要的投入要素，或者转换供应商的成本高，或者供应商能够整合下游的话，那么供应商的议价能力就会变得较强大。当然，最好的防御方式就是与供应商建立双赢关系，或者使用多家供应商。

——科特勒《营销管理》

科特勒认为，供应商的状况是决定一个细分市场是否具有足够吸引力的重要因素之一。细分市场中供应商的威胁将影响细分市场的吸引力，一般情况下，供应商的市场威胁越大，细分市场的吸引力也就会越小。企业需要对细分市场中已有供应商进行分析，判断供应商威胁的大小，从而最终判断细分市场的吸引力。供应商的市场威胁主要取决于其议价能力、信誉及稳定性。供应商的议价能力越大，信誉、稳定性越差，其市场威胁也越大。

举一个最典型的例子，欧佩克即石油输出国组织，就是由11个石油生产国和输出组织共同组成的，它的成立是协调和统一各成员国的石油政策,进而以最适宜的手段来维护它们各自和共同的利益。这些国家联合起来就等于拿住了全球石油供应的命脉,能够保证各成员国在任何情况下都能获得稳定的石油收入。欧佩克就是一个强大的供应方联盟。

一般情况下,供应商常处于弱势,而买方企业处于强势,供应商几乎是追着买方、希望买方能够采购自己的产品,但是,也有反转的情况,像欧佩克的例子,就是买方处于弱势,而供应方处于强势。

如果一个行业内,资源的供应集中掌握在少数几个公司手中,那么,当较为零散的买方从这些供应商手中采购时,在价格、质量及交货期上就很可能受制于人。

早年,我国VCD影碟机价格普遍较高,其原因就在于生产VCD影碟机的关键元件——解码器,是由美国C-CUBE公司独家提供的。元件供应掌握在这样一家垄断企业手中,当时的VCD制造商从该公司购买解码器,单价高达90美元,这样一来,VCD机制造商为保证相应的产品利润,就不得不高价出售VCD影碟机。后来,荷兰飞利浦公司也开始生产解码器,供应市场的垄断格局被打破,C-CUBE公司失去了垄断优势,其议价能力也随之降低。

在经济全球化的今天,供应商和企业的关系已经不再是单纯的买卖关系,供应商作为企业的一种宝贵资源,越来越得到企业的重视,企业间的竞争已经延伸到对优秀供应商的竞争。企业要确保产品品质,同时有效控制成本,就必须用心经营与供应商之间的关系。

在以竞争为基调的供应商管理模式中,企业与供应商之间的关系是一种短期的、相互之间视为交易对手的关系。买方总是试图将价格压到最低、降低成本,而供应商总是以特殊的质量要求、特殊服务和订货量的多少等为理由尽量抬高价格、增加利润。哪一方能取胜主要取决于哪一方在交易中占上风。当买方的实力强大，购买量很大，而且可以从多家供应商里自由选择时，在这些情况下，买方会占上风，反之，则有可能是供应商占上风。总之，供应商与买方企业之间在价格上的争议会非常激烈。

而在以合作为基调的供应商管理模式中，买方和卖方均视对方为伙伴，双方保持一种长期互惠的关系。买方与卖方在一个确定的目标价格下，共同分担成本，共享利润，共同保证和提高质量，共享信息。买卖双方都认识到不良产品会给双方都带来损失，因此能够共同致力于提高质量。一旦出现质量问题，买方会与供应商一起分析原因、解决问题。双方之间建立起了一种信任关系，互相沟通产品质量情况，当这种信任足够深厚时，买方甚至可以对供应物料不进行检查就直接使用。

科特勒说："最好的防御方式就是与供应商建立双赢关系，或者使用多家供应商。"以合作为基调的模式比以竞争为基调的模式具有更多的优势。在当今市场需求多变、竞争激烈的环境下，与供应商合作更有利于企业的内外稳定和竞争力的提高。除了与供应商保持长期合作关系，企业为了防备万一，可以同时与多家供应商合作，这样能大大降低风险，同时还可以提升企业的议价能力。

第三章
市场领导者：第一不是那么好当的

一步领先不等于步步领先

> 虽然领先品牌在消费者心中具有独一无二的地位，但是除非该优势企业享有合法的垄断性，否则还是需要时时保持警惕。竞争对手可能紧接而来，危及领导者地位。要保持市场领先，领先者就必须寻求各种方法来扩大市场总需求、努力保护现有市场份额并尝试将其进一步提高。
>
> ——科特勒《营销管理》

科特勒曾经对企业在目标市场中所扮演的角色做了一个大致的划分，他认为，通常情况下，40%的市场份额掌握在市场领导者手中；30%由市场挑战者所掌握；20%在市场跟随者手中，他们不愿打破现状，只想保持现有的市场份额；而剩下的市场份额则掌握在市场利基者手中，他们专注于大企业无暇顾及的利基市场。

市场领导者通常在企业所处的目标市场中占有统治地位。这类企业往往占据相关产品最大的市场份额。许多行业都有一个被公认为市场领导者的企业，像微软、英特尔、宝洁、麦当劳，等等，它们在各自的行业中就是居于领导者地位的。

市场领导者有这样的特点，它们在新产品开发、价格变动、分销渠道和促销力量等方面处于主导地位，其主导地位为同行业其他企业所公认；它们既是市场竞争的导向者，也是其他企业挑战、效仿或躲避的对象。市场领导者的地位是在竞争中自然形成的，但并不是固定不变的。除非占统治地位的公司享有合法的独占权利，否则它会时时受到威胁。处于市场领导者地位的企业必须时刻保持警惕，因为其他企业会不断向其优势发起挑战，或者企图抓住其弱点，另一方面，市场领导者还可能会因为其自身的庞大规模和组织结构的膨胀而变得臃肿、迟钝、不灵活。

市场领导者一定要有时时刻刻的警惕心，不能满足于当前的市场地位和市场份额，而应该有深重的危机感。

早在2000年，华为的销售额就突破了220亿元，利润达29亿元，居全国电子百强企业之首。当时业内的形势可以说是"一片大好"，"网络股"泡沫破灭的寒流还未侵袭中国，国内通信业增长速度保持在20%以上。可是就在这"形势大好"的时候，任正非发表了《华为的冬天》，预言"冬天"即将来临，并且呼吁华为全体员工要警惕潜藏的危机和失败。他这样说道："'沉舟侧畔千帆过，病树前头万木春。'网络股的暴跌，必将对两三年后的建设预期产生影响，那时制造业就惯性进入了收缩。眼前的繁荣是前几年网络大涨的惯性结果。记住一句话'物极必反'，这一场网络、设备供应的冬天，也会像它热得人们不理解那样，冷得出奇。没有预见，没有预防，就会冻死。那时，谁有棉衣，谁就能活下来。"

任正非发表《华为的冬天》后不到一年时间，整个电信行业就步入了严峻的"冬天"，由于中国电信分拆及产业重组，同时欧美电信市场迅速饱和，致使国际光纤通讯产品大量涌入国内，使国内光纤通讯市场缩小许多，华为公司本打算传输产品销售额200亿元的计划落空，最后不得不缩减为80~90亿元。

在这个时候，人们不能不佩服任正非的预见性，"华为的冬天"背后隐藏着的含意确实发人深省。作为行业领先者，在顺风顺水的时候，能够对潜藏的风险和危机保持清醒的认识，这是难能可贵的。

行业领先者不仅要对大环境保持关注和警醒，同时也要提防紧随身后的竞争者，它们虽然目前在行业中的地位稍逊一筹，但是，未必就没有后来者居上的可能。

科特勒曾说："市场领导者就好像象群里最大的头象，它经常受到蜜蜂们的骚扰，其中一只最大最危险的蜜蜂紧紧地围绕着它，并不断发出嗡嗡的叫声。可口可乐必须经常提防百事可乐，索尼必须提防三星，丰田必须提防本田，柯达必须提防富士。"一步领先不等于步步领先，即便是实力强大的领导者，如果忽视了身后的追赶者，那么这些竞争者很可能危及甚至直接颠覆行业领导者的地位。

保持领先最具建设性的策略就是持续创新

市场领先者如何才能保卫其领地不受侵犯呢？最有建设性的回答就是持续创新。市场领先者应该引领行业不断开发新产品、提供新的顾客服务、致力于资源的有效分配及成本的持续降低。只要能够提供全面的解决方案，企业就可以不断增加其竞争优势和顾客价值。

——科特勒《营销管理》

科特勒认为，市场领导者要保持持续领先的优势，需要采取三方面的行动：首先，公司应该找到扩大整体市场需求的方法；其次，公司必须采取得当的攻守策略来保护原有的市场份额；最后即便是市场容量保持不变，公司也应该尽可能增加其市场份额，而这所有的行动，都离不开一点，那就是创新的推动。

海尔有一个著名的竞争理念叫"浮船法"。所谓浮船法，是指企业在激烈的市场竞争中，产品不一定要尽善尽美，但一定要比竞争对手棋高一招，总是保持市场领先的水平。张瑞敏先生曾说："其实当你的成果受到市场欢迎的时候，就说明很快要被别人超越了，而且别人怎样超越你，你永远也不会知道。既然如此，从成果出来的那一天起，你就只有自己否定自己，再开发一个更新更好的产品，永远战战兢兢，永远如履薄冰。我们的'小小神童'出来后马上有人模仿，我们也打官司，但太耗费精力了。所以我们很快推出第二代，不等你学第二代，又推出第三代，后来开发到第十二代'小小神童'，没有这十二代的不断超越，怎么可能有小小神童洗衣机的上百万台销量？而且如果被动地打官司的话，不一定能打赢，打赢了也不一定能执行。"

尽管已经是中国家电行业的标杆型企业，但海尔始终认为，只有建立自主创新技术进步机制，才能巩固自己的领先地位，才是企业在竞争中自我发展、自我完善的治本之方。由于海尔集团坚持不懈地进行技术创新，使产品有了强大的应变能力，其技术创新呈现出无穷的魅力。通过技术人员的技术创新，海尔始终保持了企业产品的技术优势和市场优势，从而将企业引入一种"独享山水风光"的高度。

不管在哪个行业，龙头老大的座椅从来不是固定为某一家企业所设的，如果行业领导者不能持续创新，不能巩固自己的地位，那么，被超越是迟早的事。

在计算机领域，有一个人所共知的"摩尔定律"，它是由著名的芯片制造厂商——英特尔公司创始人之一戈登·摩尔经过长期观察后，于1965年4月19日提出的。

"摩尔定律"具体是指：

集成电路芯片上所集成的电路的数目，每隔18个月就翻一番；

微处理器的性能每隔18个月提高一倍，而价格下降一半；

用一个美元所能买到的电脑性能，每隔18个月翻两番。

"摩尔定律"所阐述的趋势一直延续至今，且仍不同寻常地准确，它印证了英特尔公司高速成长的辉煌历程，也成为许多相关产业对于产品性能预测的基础。从"摩尔定律"，我们还可以得出一个启示，那就是行业是不断变化，不断向前的，能不能跟上这种变化，跟上行业前进的脚步，决定着一个企业在行业中的地位甚至是存亡，这对行业领先者来说尤其是如此。

比尔·盖茨就曾有一句名言，也是跟"摩尔定律"一再提及的"18个月"大有关系。即使是在微软最鼎盛的时期，比尔·盖茨都不忘强调这样一句话："微软离破产只有18个月的时间。"想要继续保持自己在行业中的优势，就必须学会创新。事实上，微软一直没有放松创新的脚步，它把创新这个本身抽象的概念内化成可行性措施，让创新成为公司的核心文化，让每一个人走入自己可以创新的领域之内，发挥自己最大的才干。

在比尔·盖茨的眼中，每一项新技术的发展对于微软来说都是福音。因为利用这些新技术、新产品，微软可以通过研发新软件的方式快速进入这些新的领域。比尔·盖茨说："微软的成功秘诀之一就是在条件允许的情况下提速，走到别人的前面去。"

《摩尔定律》一书在提及微软革命时道出了这样一句话："你永远不能休息，否则，你将永远休息。"在微软应对市场变化的各种举动中，一种声音可能更能通俗地表达出比尔·盖茨心中的想法。这句话也是比尔·盖茨非常喜欢的微软公司文化中的一条内容——"每天早晨醒来，想想王安电脑，想想数字设备公司，想想康柏，它们都曾经是叱咤风云的大公司，而如今它们都烟消云散了。一旦被收购，你就知道它们的路已经走完了。有了这些教训，我们就常常告诫自己——我们必须要创新，必须要突破自我。我们必须开发出那种你认为值得出门花钱购买的 Windows 或 Office。"微软的危机感使得它找到持续发展的必由之路,那就是持续创新。

作为企业,创新永远是生存必不可少的手段。要满足消费者的需求,企业需要不断设计、生产出符合市场需求的各种新产品。一个企业能否持续不断地进行技术创新、产品创新,开发出适合市场需求的新产品,成为决定该企业能否实现持续稳定发展的重要问题。尤其是在科学技术发展日新月异、产品生命周期大大缩短的新经济时代,企业产品面临的挑战更加严峻,不及时更新产品,就可能导致企业的灭亡。特别是对处在科技前沿的企业来说,对科技潮流的把握是他们制胜的前提,持续创新是它们必须拥有的能力,也是最实用的能力,这种能力会帮助它们打破持续发展的瓶颈。

扩大总体市场,将市场蛋糕做大

当总体市场扩大时,市场领先者通常获利最多。市场领先者应该寻找更多的新顾客或者使现有顾客加大产品使用量。
——科特勒《市场营销原理》

科特勒指出,市场领导者要维护自己在行业内的地位和收益,需要采取的一个重要措施就是扩大总体市场。当市场这块整体蛋糕做大了,那么,作为领导者,当然会从中受益。举个简单的例子说,亨氏番茄酱是深受很多美国家庭喜爱的产品,如果美国人消费更多的番茄酱,那么,亨氏将会是其中最大的受益者,因为,它的销售量占到了全美番茄酱市场的三分之二。

要扩大总体市场,企业可以从两个方面入手:一是寻找更多的新顾客,二是使现有顾客加大产品使用量。另外,营销人员还可以通过识别新的使用机会,或者开辟更多的使用用途,加大产品使用量。

比方说,将产品与某些节日、节事或者一些特殊的时间、事件联系起来,在九九重阳节(又称老人节),商家就可以将这个节日与一些老年人需要的产品联系起来,促进这类产品的销售。

除此之外,公司还可以对产品加以改进,以开辟产品的新用途,比方说,吉百利施威普公司以口香糖产品著称,该公司在口香糖的基础上继续创新与拓展,开发出了能够美白健齿的营养保健品。

作为市场领导者,必须有一定高度的眼界和境界。扩大总体市场,需要的不仅仅是魄力,还有创新。在这一点上,不得不提柯达,尽管2012年百年柯达走到了悲情的破产边缘,但在早期,柯达的很多营销方略的确是值得学习的。

柯达曾推出"拍立得"相机,这种相机因为使用方便大受欢迎。当时柯达一共设计了8种机型,有一半的定价都在50美元以下,定价如此低,超乎人们预料。更出人意料的是,在柯达相机备受欢迎、销售量直线上升之际,柯达公司竟然宣布:"柯达相机,人人都可以仿造。"为了保证全球各厂家仿造的质量,柯达将10年研究出来的技术图纸免费提供给同行。

起初大部分人都认为柯达疯了。然而,没过多久人们就明白过来了,原来,柯达早就考虑到随着照相机销量的增加,胶卷和冲印服务肯定会有更大的需求。于是,当同行竞相生产"拍立得"相机的时候,柯达已将重点放在了胶卷的生产和冲印上。果然,随着全球各照相机厂家开足马力生产,"拍立得"相机的销量增长了90倍,而柯达胶卷销量更是增长了300倍。这么多的柯达相机,每天都会"吃掉"大量胶卷,大量拍摄过的胶卷就必须进行冲印,于是柯达几乎垄断了全世界的冲印市场,获得了超凡的利润。

柯达在推广其"迷你型"相机时，也采取了同样方法，降低价格，使人人都买得起，结果柯达的胶卷、照相机以及相关器材的销量扶摇直上，尽管富士、樱花等企业不惜血本降价，但总敌不过柯达胶卷的销售量。

柯达的这种策略很高明，将相机的技术图纸免费提供给同行，看起来匪夷所思，可却扩大了相机的市场覆盖率，进而，奠定了柯达在胶卷和冲印市场的垄断地位，这种舍小局做大局的经营方式，实在是妙不可言。

处于市场领导者地位的企业，往往在行业内有着比较大的市场占有率，在产品价格变动、新产品开发、市场覆盖率的变化中及销售方式的选择等许多方面起着相对支配或者领先的作用。当一种产品的市场需求总量扩大，收益最大的往往是处于领导者地位的企业，所以促进产品总需求量不断增长、扩大整个市场容量是领导者企业维护竞争优势的积极措施。

保护市场份额，巩固领导地位

作为市场领先者，即使它不展开攻势，也必须谨防任何主要侧翼被攻击。企业必须清楚，哪些重点领域应不惜任何代价加以防守，哪些领域可以放弃。

——科特勒《市场营销原理》

科特勒指出，市场领先者的地位不是一劳永固的，在市场领导者企业面临的竞争对手中，总会有一个或几个实力雄厚者。市场领先者要防止和抵御其他企业的强攻，维护并扩大自己现有的市场占有率。

通常而言，对居于领先地位的企业，有两种有效竞争策略：一是进攻，即在降低成本、创新产品、增强薄弱环节方面主动出击；二是防御，即根据竞争的实际情况，在企业现有阵地周围建立不同防线，如构筑企业目前的市场和产品的防线。构筑不仅能防御企业目前的阵地，而且还能扩展到新的市场阵地，作为企业未来新的防御和进攻中心的防线等。防御战略的目的在于减少受到攻击的可能性，将攻击的目标引到威胁较小的领域，并设法减弱攻击的强度。

通过建立难以逾越的障碍，市场领先者可以让竞争者打消进入该细分市场的念头。阻止竞争对手进入的屏障可以分为两种类型，一种是稳定型的屏障，另一种则是移动式的屏障。

稳定型的屏障是防御者建立的防御要塞。任何企业要想进入市场，就必须攻克这个要塞。这些屏障可以建立在企业经营的任何领域，如市场营销、财务、会计、制造等。

移动式屏障指的是针对竞争者的行动与策略所展开的活动。比方说，阶段性地投放新产品，或者在有特定意义的时间点上进行大幅度的促销活动，等等。当产品升级后，能够更好地满足顾客需求并增加利润时，企业应主动更新在市场上销售的产品，而不能让竞争者以它的产品来替换你的产品。这样做是为了以不断创新来打击那些尚无法确认自己能否跟上竞争步伐的潜在入侵者。这些方法可弹性应对攻击，是一种可行的主动出击策略。要建立有效的移动式屏障，企业要对整个价值链进行评估，而不仅仅是产品核心，要探索可以打造出更大客户价值的创新之路，同时，还要确保这种创新是竞争对手难以模仿的，否则它就不能成为有效的屏障。

企业所构建的屏障既可以是有形的，也可以是无形的。比如，可口可乐就以有形的稳定型屏障阻止入侵。可口可乐公司采用果糖玉米甜味剂替代蔗糖，从原料上就节约了20%的成本。为了阻止竞争者跟随，可口可乐公司与果糖的供应商们签订了一个长期的采购合同，锁定了大部分的供应，这就给竞争者设置了很难突破的壁垒。

而无形的屏障，比方说，顾客忠诚就是一个很好的方法，如果行业领先者能够经营好客户，用心构建起牢不可破的顾客忠诚度，那么，这会成为阻止入侵的最坚固的无形壁垒。反之，如果没有这道屏障，即便企业领先很多，市场份额很大，但仍然很有可能被身后的追赶者所颠覆。

企业建立这种阻止入侵的屏障，第一步就是要设法制造入侵者的法律或技术困境，比方说专利、政府制定的行业准入标准与相关法律法规，等等。第二步则是提高市场份额，市场规模扩大了，成本降低了，有了更好的市场形象，与供应商和零售商的关系进一步加强，企业的市场地位才能越稳固。比方说，在当初宝洁以汰渍进攻被联合利华旗下的奥妙品牌所牢牢控制的南欧市场时，因为联合利华在当地建立了强大的分销渠道，而使得宝洁历尽艰辛，才得以打开市场。

科特勒说，即便市场领先者不展开攻势，也必须做好防御，要明确哪些重点领域是绝对不能放松的，而哪些领域又是可以放弃的，巩固企业的长项，使之牢不可破，这样，领先者的地位才能更加稳固。

第六篇

品牌：企业最持久的无形资产

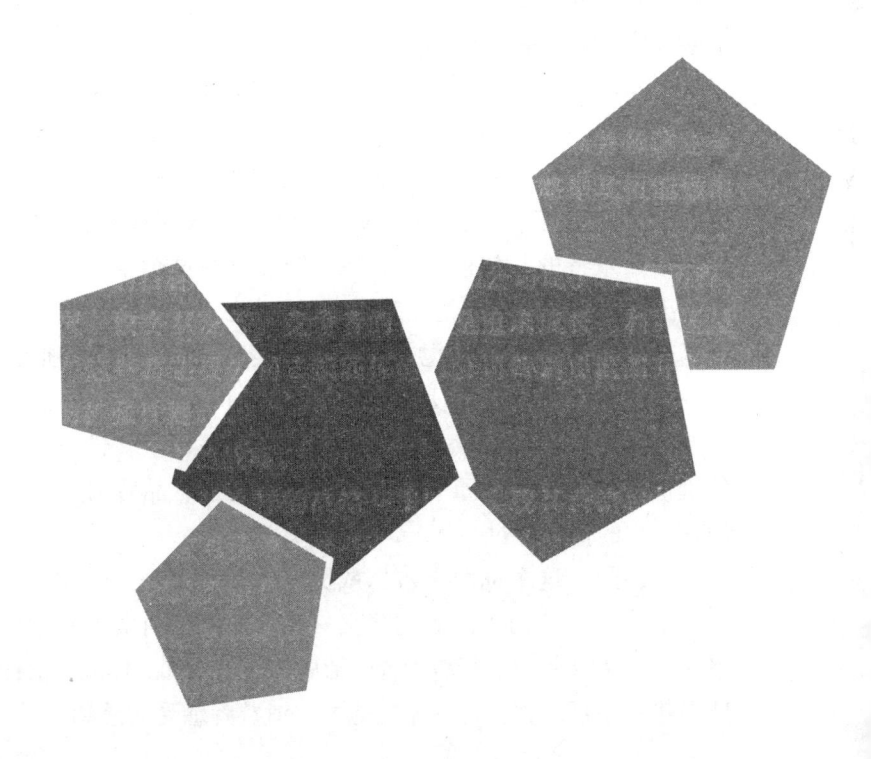

第一章
品牌的价值比一切都贵重

品牌在企业发展中处于核心战略地位

  品牌是企业最持久的资产，比企业具体产品或生产设施的生命都要长。品牌是企业强有力的资产，它在企业发展中处于核心战略地位，需要妥善地经营和管理。

——科特勒《市场营销原理》

  科特勒认为，品牌是企业最持久也是最强有力的资产，在企业发展中处于核心战略地位。科特勒曾援引桂格前 CEO 约翰·斯图尔特的一句话："如果一定要分开这个企业，我愿意放弃土地和厂房，只保留品牌和商标，我依然会做得比你好。"麦当劳的一位前任 CEO 也曾说："如果我们拥有的每一项资产、每一座建筑以及每一套设备都在一次可怕的自然灾害中被摧毁，只要还有品牌，我们就可以再融资，使这一切重新恢复。品牌的价值比这一切都贵重。"从这些可以看出，品牌对一个企业而言，它的价值胜过一切。

  "品牌"这个词源于古挪威文字，其本意是"烙印"，它非常形象地表达出了品牌的含义——"如何在消费者心中刻下烙印？"品牌是一个在消费者生活中，通过认知、体验、信任、感受建立关系，并占得一席之地的、消费者感受的总和。

市场竞争可以分为4个高低不等的层次，分别是价格竞争、质量竞争、创新竞争，最后是品牌竞争。品牌竞争是最高层次的竞争。在科特勒看来，营销的最高境界是品牌经营。他非常推崇"耐克"，他认为耐克最成功之处是让激动与成就感附着于产品之上，拥有"耐克"的顾客会有成就感，这就是品牌的力量。消费者在选择商品时，品牌是一个关键的考虑因素，品牌浓缩了一切、集中了一切。企业要真正在市场中树立自己的地位和形象，进行品牌营销是最重要的一步。品牌能给企业带来实实在在的价值和利益，它的魔力体现在：

聚合效应。拥有知名品牌的企业或产品更容易获得社会的认可，社会的资本、人才、管理经验甚至政策都会倾向名牌企业或产品，使企业能够聚合人、财、物等资源，形成并很好地发挥名牌的聚合效应。

磁场效应。企业树立起品牌，拥有了较高的知名度，特别是较高的美誉度后，会在消费者心目中树立起极高的威望，消费者更容易在这种吸引力下形成品牌忠诚，反复购买，帮助其宣传，而其他产品的使用者也会在品牌产品的吸引下开始使用此产品，并可能同样发展成为此品牌的忠实消费者，这样品牌实力进一步巩固，形成了一种高效益的良性循环。

衍生效应。品牌积累、聚合了足够的资源，就会不断衍生出新的产品和服务，品牌的衍生效应能使企业快速地发展，并不断开拓市场、占有市场，形成新的品牌。比方说，海尔集团就是首先在冰箱领域创出佳绩，成为知名企业、知名品牌后，再逐步将其聚合的资本、技术、管理经验等延伸到空调、洗衣机、彩电等业务领域。

内敛效应。品牌会增强企业的凝聚力，它有助于在企业内形成一种企业文化和工作氛围。品牌的内敛效应可以聚合员工的才干、智慧与精力，使企业有一种积极向上的面貌。

宣传效应。品牌树立起来后，企业可以利用名牌的知名度、美誉度传播企业名声，宣传地区形象，甚至宣传国家形象。比如，可口可乐就一度被赞为"装在瓶子里的美国精神"，它所传输、所代表的正是活力、激情、创造、享受等美国精神。

带动效应。品牌的带动效应是指品牌产品对企业发展的拉动，品牌企业对城市经济、地区经济甚至国家经济都具有强大的带动作用。品牌的带动效应也可称为龙头效应，名牌产品或企业像龙头一样带动着企业的发展、地区经济的增长。另外，品牌对产品销售、企业经营、企业扩张都有一种带动效应，这也是国际上所谓的"品牌带动论"。

稳定效应。当一个地区的经济出现波动时，品牌的稳定发展一方面可以拉动地区经济；另一方面起到了稳定军心的作用，使人、才、物等社会资源不至于流走。

一个品牌一旦打败另一个品牌，被打败的那个品牌很可能就会渐渐没落直至不复存在了。在很多行业，外资企业进入中国市场后，采取的一个重要的竞争手段就是品牌竞争，先吞并国内企业的品牌，然后再占领其市场，继而让吞并过来的品牌销声匿迹。举例来说，当年，国外曾有著名厂家与海尔谈合资，开出了天价，提出的条件是美方控股，打美方的品牌，张瑞敏的回答是："其他条件可以随意，但必须是海尔控股，打海尔的品牌。"从这个例子也可以看出，品牌于企业而言，是居于核心战略地位的，企业要用心地创造、经营、保护并提升自己的品牌。

品牌是把 4P 结合到一起的黏合剂

塑造品牌非常重要，当你最终发展出品牌概念，它就变成把 4P 结合到一起的黏合剂。品牌陈述成为设定 4P 的基础。一个品牌是你必须要履行的一个承诺。

——科特勒《世界经理人》采访

科特勒认为，品牌是把 4P（Product 产品、Price 价格、Promotion 促销、Place 渠道）结合到一起的黏合剂，一个品牌的崛起离不开最基本的 4P。对企业来说，只有强大的营销力才能托起强大的品牌，而提升营销力的过程其实就是打造 4P 的过程，企业有什么样的 4P，就拥有什么样的营销力。

然而，随着传播的发展，品牌与 4P 有渐渐脱节的现象。现在，仅仅从品牌知名度已经不足以客观、真实地评价企业能力，但如果将视角转向 4P，则评价更能贴近真实情况。可以这样说，所有企业的崛起都能从 4P 中找到理由，所有品牌的衰败也都能从 4P 中找到缘由。

早年的孔府宴酒、秦池酒、爱多等重金砸出来的"标王"，就是典型的品牌与 4P 脱节的例子，虽然通过巨额的广告投入将品牌树起来了，但是 4P 并没有同步跟上，结果便是快速地打出名气，又快速地没落了。不仅国内企业如此，很多呼风唤雨的国际知名品牌，由于其 4P 出现这样或者那样的问题，也遭遇了折戟沉沙的命运，这样的例子并不少见。比方说，诺基亚在智能手机上落后了一步，结果却令这个昔日手机业的第一品牌走到险象环生的境地。

现在，人们看到的更多的是品牌对于 4P 的影响，却容易忽略 4P 对一个优秀品牌的支撑甚至是决定作用。

产品是品牌最直接的支撑。没有竞争力强大的产品，就难有永续的品牌。曾经有很多企业通过大打广告，打响了名声，但是产品却缺乏质量保证或者缺乏持续的创新，最终仍然难以在市场立足，更不用说保住自己的品牌。产品不是因为有了品牌才优秀，恰恰相反，是因为产品优秀了才有了品牌。

从表面上看，似乎是品牌决定了价格，有品牌的产品要比无品牌的同类产品价格高，优秀品牌的产品要比普通品牌的产品价格高，但这只是一种表象。实际上，同样知名的两个品牌，有时候价格会相差很大，其原因并非在品牌本身，而是与企业塑造价格的能力密切相关的。品牌只能将企业分级归类，但在相应的层次里，关键仍在企业现实的作为，比如产品品质与创新能力、市场营销能力，等等。

渠道是生产商与终端用户之间的桥梁。做市场，说白了，就是利用产品做渠道。在4P之中，产品、价格、渠道这三者是最稳固的组合，而促销则正是为了确立和强化它们的组合。在大多数人看来，企业做营销最终得到的是品牌，但换一个角度，也可以这么说，企业最终得到的是渠道。渠道出现问题，要比产品出现问题严峻得多、要命得多。特别是有形产品，渠道正发挥越来越大的作用。渠道因为贴近顾客，所以有了更多的话语权。可以说，渠道是品牌的根基。

很多人将4P视为一种战术，其中一个最主要的原因就是"促销"。人们对"促销"的理解太狭义化，将其等同为"销售促进"，促销本来应该是指对产品、价格和渠道的推广，却被狭义地视为是对顾客的"销售促进"。促销本来应该是4P组合中最有创意、最具灵气的部分，但在现实中，它却成了最功利、最随意的部分。如果我们说产品、价格和渠道是品牌建设的硬件的话，那么，促销就是品牌建设的软件。如果营销者不能从狭义的"促销"观念中走出来，正确认识"促销"的话，那么，很难打出一场漂亮的品牌建设战。

总体来说，还是回到了科特勒所提及的观点："品牌是把4P结合到一起的黏合剂。"4P不是单纯的战术，而是品牌的实际支撑与根基。

对消费者而言，品牌意味着价值和信任

对消费者而言，品牌意味着价值和信任。品牌不仅仅是一个名称或者一个象征，它是企业与顾客关系中一个关键的要素。品

牌表达了消费者对某种产品及其性能的认知与感受——该产品或服务在消费者心中的意义。所以，有营销者说："在工厂里创造产品，在头脑中创造品牌。"

——科特勒《市场营销原理》

"品牌意味着价值和信任"，科特勒这句话揭示了品牌之于消费者的意义。为什么消费者在购买时只要经济能力许可，大都会偏向于品牌美誉度高的产品？为什么当一个备受消费者喜爱的品牌出现质量问题或负面新闻的时候，消费者会气愤不平，有被欺骗和被背叛的感觉？这些都可以从科特勒的这句话中摸索到答案。

"在工厂里创造产品，在头脑中创造品牌。"的确，品牌存在于消费者的头脑和心智之中，对消费者来说，品牌不仅是一个名称、一个标志、一个象征，它更是产品与服务在消费者心中所留下的投影与烙印。

品牌之所以在消费者的心目中占有着重要的地位，科特勒有他自己的看法，他认为品牌暗含着产品与顾客之间的关系，暗示着顾客所期望的一种特质与服务。品牌最大的好处在于使消费者在成千上万种产品中购买自己的产品。而品牌的成功又取决于营销人员如何将它根植于消费者的头脑中。

在我们身边，品牌很多，但"真品牌"却不多。真品牌具有强大的生命力和很高的市场溢价。真品牌的根本就是顾客的信任。这种信任是企业和顾客之间的一种关系，既可以是有关产品质量的，也可以是有关产品性价比的，还可以是有关产品品位的。所以，真品牌不一定只出自于知名的大企业，也不一定只出自于奢侈品。奔驰、宝马是真品牌，麦当劳、沃尔玛也是真品牌，它们都赢得了顾客非同一般的信任和信赖。

在企业界，常听到这样的说法，中国缺少过硬的大品牌、真品牌，其实，这只是表象，真正缺乏的是顾客信任。要建立起强大的真品牌，企业非要在信任上下功夫不可。很多企业喜欢通过参与各种认证、评比，并拿认证的结果、评比的奖项来为自己的品牌加码，但事实上，真品牌只能在市场竞争的磨砺中诞生。正因为真品牌的基础与核心是信任，所以，企业急功近利是做不来的，真品牌需要时间的考验。

品牌最持久的含义是其价值、文化和信任，这是品牌的实质。建立品牌其实就是建立信任。从拥有知名度、创建美誉度到形成品牌信任是很漫长的路，这个时间可能需要几十年甚至上百年。所以，任何急功近利以为打造知名度就是打造品牌的行为，都是短视和幼稚的。很多知名度很高的企业和牌子，因为丧失了渠道的信任和消费者的信任，就再难站起来了。一个品牌在市场中获胜，并不仅仅是因为它传递了特殊的利益或者可靠的服务，而是因为它与顾客建立了深厚的联系。

品牌是保障竞争优势的强有力手段

品牌暗示一定水平的质量，所以满意的购买者很容易再次选择这种产品。品牌忠诚为公司提供了对需求的可预测性和安全性，同时它建立的壁垒使得其他公司难以进入这个市场。尽管竞争者可能复制制造流程与产品设计，但是它们还是难以取代品牌经由长年的营销活动和产品经验而在个体和组织心目中留下的持久印象。从这个意义上说，品牌是保障竞争优势的强有力手段。

——科特勒《营销管理》

科特勒曾经在一次题为"打造中国企业品牌力"的演讲中谈到，从一个优秀的品牌之中，公司可以获得的实际利益有：高价格，高销量；避开价格战；高客户忠诚度和保留率；获得最好的零售商；最好的货架位置；销售人员的优先推荐；品牌延伸等等。品牌成了保障竞争优势的强有力手段。

品牌为王已经是市场上不争的事实。顾客购买和消费的不仅是单一的产品和服务,更有来自品牌的感觉、认知、归属、荣耀等附加价值。那些成熟的、知名度极高的大品牌企业,它们的品牌地位和无形价值是无价之宝。为一个好的品牌,顾客愿意支付更高的价格,这一价格甚至要高出竞争品牌20%~25%。

大卫·奥格尔曾经说:"任何一个傻瓜都可以做成一笔生意,而创造一个品牌却需要创意、信仰和坚忍不拔的努力。"美国畅销书作家斯蒂芬·金也曾说:"产品是某件工厂里生产的东西,品牌是一个顾客所购买的某种东西。产品可以被竞争者仿制,品牌却独一无二。产品很快会过时,而成功的品牌永远会存在下去。"对一个企业而言,品牌的意义和价值体现在:

第一,品牌是产品竞争的有力武器。品牌与产品形象、企业形象密切相关。一个好的品牌是提高企业声望、扩大产品销路的"开路先锋",是参与市场竞争的好帮手。可口可乐、索尼、松下等品牌之所以在世界商业史上长盛不衰,靠的都是响当当的品牌。

第二,品牌有助于产品促销。好的品牌可以稳定并逐步扩大企业产品销路。另外,品牌对新产品上市有极大帮助作用,消费者更容易接受已有良好声誉的品牌。

第三,注册商标受法律保护。经过注册的商标具有严格的排他性,注册者有专用权。一旦在市场上发现假冒商品,注册企业可依法追究、索赔,保护本企业利益不受侵犯。这也是增强企业竞争力的有效途径之一。

第四,品牌有助于监督、提高产品质量。企业创立一个品牌,要经过长期不懈的努力,才能在消费者心目中树立牢固的信誉,要维护品牌形象,必须不断巩固和提高产品质量。因此,品牌是企业进行自我监督的一种重要手段。

第五,形成无价的品牌资产。好的品牌是企业宝贵的无形资产,具有极高的价值。在企业内部,品牌对于提高员工的凝聚力、增加其自豪感、调动员工的创造性和工作热情有着不可估量的作用。

品牌是企业综合竞争力的凝结。品牌具有很强的累积效应和蓄势效应，它体现了企业长期以来竞争优势的聚集。因此品牌具有"进入壁垒"的性质。品牌竞争优势上的深厚历史沉淀，是消费者品牌偏好与品牌忠诚的一个重要原因。名牌之间的竞争主要集中在技术创新与广告宣传两个方面。一般而言，名牌企业的技术创新投入占销售额的3%～5%之间，高的可达8%；广告投入占销售额的3%～10%，平均为5%。名牌的成长依赖于企业的规模以及企业的资本实力。

在品牌竞争时期，品牌地位在某种程度上就意味着市场地位，龙头品牌的地位象征着高居市场统帅地位。创国内、世界一流品牌已成为新竞争形势的要求，也是每个市场行为主体的竞争目标和必然选择。

伟大的品牌唤起的是形象、期望和承诺

伟大的品牌唤起的是形象、期望和对性能的承诺。品牌具有人格，我们提到麦当劳、苹果电脑、斯沃琪手表时，脑中都会产生相应的品牌联想。

——科特勒《科特勒说》

科特勒认为，一个伟大的品牌，能够唤起形象、期望和对性能的承诺。简单地说，当我们想起某个熟人的名字的时候，脑海中就会浮现出这个人的模样、他曾经说过的话、做过的事，等等。品牌同样也是如此，品牌是具有人格的。比如，提起肯德基，就会想到山德士上校的头像；提到沃尔玛，就会想到价廉物美；提到联邦快递，就会想起使命必达……

品牌对于买方来讲，代表着一种承诺，是信任的保障，也

是买方选择产品的标尺之一。一个强有力的品牌应该具备这样几点：一是品牌应该给人留下产品特性、风格等属性方面的联想。二是品牌应该具备一个或多个特别突出的特点，比方说，沃尔沃意味着安全，而苹果产品意味着时尚、人性化、创意性。三是如果品牌是一个人的话，我们必须可以将这个人的特点视觉化，例如百事可乐就通过多种营销、宣传途径将自己定义为一个年轻、朝气蓬勃的形象。四是品牌需要反映出企业的价值观，例如创新、客户服务至上、社会责任感强等。五是品牌应体现用户群体的特征，是年轻热情、充满活力，还是年长持重、内敛稳重等。在塑造品牌时，营销者必须考虑到品牌的每一个因素，以造就一个更加协调统一、更加完善的品牌。

品牌树立起某种鲜明的形象，还只是品牌建设的第一步，更重要的是当树立形象、做出承诺之后，企业要能坚持下来，也就是言与行要合一。比方说，如果一个企业的品牌号称绿色环保，却被爆出了产品不合格，或者原材料存在污染等负面新闻的话，那么无异于是在砸自己树立起来的牌子。企业如果在品牌建设上"言行不一"，是要付出巨大代价的。

在品牌建设过程中，道德的底线只是一个企业或品牌生存的最低标准，在此之上的行为的确不会遭到道德与法律的谴责，但是，要打造一个强大的品牌不能仅仅以道德底线为基础，还应为自己树立更高的标准。越是成功的大品牌，他们在做宣传、做承诺时往往越谨慎，而在履行承诺的时候，则会做到尽可能地好上加好，这样一来，能让消费者获得非常满意的体验，进而渐渐形成对品牌的忠诚。

企业的品牌承诺不仅仅体现于广告语和宣传中，更体现在一些容易被忽略的细节上，有时只是企业无意间流露出的一点讯息，却可能给消费者带来重大的影响。举一个很简单的例子，现在很多公司会在企业的车辆特别是送货车上喷涂品牌或者企业的标识与宣传语等，这的确是一种很理想的流动宣传广告。

但是仔细观察一下，有的企业的送货车，车身非常脏，满是灰尘泥土，甚至还有污渍。送货员甚至企业自身或许都不觉得这有多严重，可是在消费者看来，这对品牌却是一种抹杀。假如这是一家食品企业的送货车，那么，即便广告宣传中该产品显得色香味俱全、令人垂涎欲滴，可消费者看到送货车后，想必胃口会大受影响。

还有一种情况是，企业本身在品牌建设上做得较为不错，但是在一些无法有效掌控的环节，却常常会出现严重的纰漏。例如合作伙伴，这就是一个企业很难插手管理可又实实在在会影响到企业形象的环节。现在有很多品牌的售后服务都是与一些地区性的维修机构签订特约维修或售后服务合作协议的，企业对这些机构如果缺乏管理能力和监控能力，那么很容易出现各种各样的问题，给消费者留下不好的印象，造成期望值的落差。即使是那些非常注重用户营销体验的企业，也很可能会因为这些不易被发现的环节造成疏漏而前功尽弃。

企业在品牌建设中，要做好每一个环节，这包括了合作伙伴的管理与规范。只有这样，才能给顾客留下完美的形象，才能超越顾客的期望，才能不负对顾客做出的承诺；也只有这样，才能打造出伟大的品牌。

第二章
什么造就了一个伟大的品牌

最强的品牌定位能够触动消费者的情感深处

营销人员需要在目标顾客心目中为其品牌进行清晰的定位。最强的品牌定位层次超越了强调产品属性或者产品利益，通过强有力的信仰和价值观进行品牌定位。这些品牌强调一种情感冲击。营销者应把品牌同时定位到消费者的思想和精神中去，这样才能打动他们的内心。

——科特勒《市场营销原理》

科特勒认为，营销人员可以从3个层次上对其品牌进行定位：

首先，最低层次，是通过产品属性来进行品牌定位。比如，宝洁公司推出的"帮宝适"一次性婴儿纸尿裤，早期的营销重点就集中在吸水性、舒适性和一次性上。一般来说，产品属性是品牌定位最不可取的层次，因为竞争者可以很轻易地加以模仿，更重要的是，消费者从根本上而言，对企业产品的属性本身并不感兴趣，他们更关心的是这些产品属性能为自己带来什么样的利益。

其次，在产品属性之上，企业可以将品牌名称与某种顾客渴求的利益联系起来，进行更好的定位。同样以帮宝适为例，帮宝适超越了产品的技术属性，而将重心放在皮肤健康上。"因为我们，全世界婴儿潮湿的屁股更少了"，这样一句话，显然比单纯的产品属性更能打动消费者。通过强调利益而成功打造出品牌的企业很多，如以安全著称的沃尔沃、以绿色无害著称的美体小铺、以"使命必达"为宗旨的联邦快递，等等。

最后，比利益更高一个层次的是围绕产品给消费者创造的情感体验来定位品牌。还是拿帮宝适的例子来说，这款产品对于父母们而言，并不仅仅意味着防漏和保持干爽，更意味着全面的婴儿护理。宝洁的首席市场官吉姆·斯登戈尔曾说："回想过去，我们经常在基本利益上思考我们的品牌。现在我们开始近距离地倾听消费者的声音，我们想要成为一种品牌体验，我们想要伴随着孩子的成长和发展来支持父母和孩子。当我们把帮宝适从保持干爽转变为帮助妈妈关注孩子的发展后，我们的婴幼儿护理业务才开始快速增长。"

最强的品牌定位就是要超越产品属性或产品利益，直抵消费者的情感深处，将品牌定位到消费者的思想和精神中去，打动他们的内心。像星巴克、维多利亚的秘密、苹果等公司，就是这方面的代表，它们围绕着产品为消费者创造出来的那种惊喜、激情、兴奋来定位。我们来看一个大众银行的案例。

大众银行曾经推出过一系列"不平凡的平凡大众"的广告，轰动一时。其中热度最高的两段广告分别是《母亲的勇气》和《梦骑士》。

《母亲的勇气》以一个淳朴的阿嬷蔡莺妹的真实经历为蓝本，这位阿嬷，不会外语，国语也说得不好，她千里迢迢从中国台湾飞到委内瑞拉，就是想看看女儿嫁得如何，看看自己的外孙，再照顾刚生二胎的女儿坐月子。这则广告的旁白是这样的：

从台南出发，要如何才能到达哥斯达黎加呢？首先得从台南飞至桃园机场，接着搭乘足足12小时的班机，从台北飞往美国；

接着,从美国飞5个多小时到达中美洲的转运中心——萨尔瓦多,然后才能从萨尔瓦多乘机飞至目的地——哥斯达黎加。她曾在拥挤的异国人群中狂奔摔倒,曾在午夜机场冰冷的座椅上蜷缩,也曾在恍惚的人流中举着救命的纸条卑躬屈膝……这一切的一切,不过只是想亲眼看看自己的女儿。这是一位真实而又平凡的中国母亲。她名叫蔡莺妹,67岁,生平第一次出远门,不会说英文,不会说西班牙语,为了自己的女儿,独自一人飞行整整3天,从台南到哥斯达黎加,无惧这36000公里的艰难险阻。她让我们看到了一位母亲因爱而萌发的勇气。这种匿藏在母性情怀中的勇气,从始至终都不会因距离和时间而改变心中的方向。

奥美将这个故事制成了大众银行的广告宣传片,大众银行希望借由这个故事传达中国台湾人民坚韧、勇敢、真实且善良的一面,做"最懂中国台湾人的银行"。这则广告特地选在2010年农历年节合家团圆的时候播出,让更多的人记住了这位阿嬷,也记住了大众银行。

《梦骑士》这段广告也是由真实故事改编的,广告一开始便是一句意味深长的"人为什么活着",接着是昏暗的隧道,仿若彷徨的人生旅程,接下来镜头中陆续出现几位老人,要么痛失老妻,要么病痛缠身,都是凄惶无比。随后基调一转,随着猛然的一声"去骑摩托车吧!"背景音乐变为激昂的"On Your Mark",几位老人骑着摩托车驶出隧道,带着对友人与爱人的思念,梦骑士开始新的征程。"5个中国台湾人,平均年龄81岁,1个重听,1个得了癌症,3个有心脏病,每一个都有退化性关节炎,6个月准备,环岛13天,1139公里,从北到南,从黑夜到白天,只为了一个简单的理由。"朴实而厚重的广告词深深触动人心。

这两则广告中的故事都发生在和我们一样普通但又不平凡的人身上,这恰好契合了大众银行所要传达的"大众"理念,很符合大众银行的品牌定位。品牌宣传广告的内容不一定非要跟公司的产品和服务相关，而只是要给目标受众留下一个深刻的印象，传达某种关怀、价值、信念层次的正面讯息。就像大众银行的品牌广告，并没有告知该银行的任何产品服务的信息，可是，它却以生动感人的故事，引起了所有"大众"深层次的情感共鸣。当有一天，某个顾客需要银行服务，而他只要想起这两段广告，想起大众银行，那么，这两段品牌广告就成功了。

品牌共鸣：顾客的思想决定了品牌的强势程度

共鸣是顾客与品牌之间心理纽带的强度或深度，同时也反映了这种忠诚造成的行为水平。品牌共鸣模型认为品牌建设是由一系列上升的步骤组成的，要创建有效的品牌资产就必须达到品牌金字塔的顶端或塔尖，只有把恰当的品牌创建模块放在金字塔模型的合适位置才能实现。

——科特勒《营销管理》

科特勒提出过一个品牌共鸣模型，他认为，品牌共鸣自下往上有这样几个层次，最初级的层次是企业的品牌能为消费者所识别，当消费者产生某种需求时能够想到这个品牌；在此基础上更进一步的层次是，将大量有形无形的品牌联想植入消费者心中，在这块心智阵地上稳固地建立起品牌的独特意义；再往上一层，则是引出消费者对品牌的正面反应，并将这种反应转化成消费者与品牌之间紧密而活跃的忠诚关系。一个品牌的强势程度取决于消费者对该品牌的理解和认识程度，也就是说，消费者的思想决定了品牌的强势程度。

共鸣这个词的原始含义是指物体因共振而发声的现象，即两个振动频率相同的物体，其中一个振动了，另一个在激发下也会振动发声。引申一下，是指由别人的某种情绪引起的相同的情绪。品牌共鸣则是指由品牌所有者与品牌消费者或者品牌消费者彼此之间，以品牌为媒介所产生的不同心灵之间共同的反应。其实质体现的是消费者与品牌之间紧密的心理联系。通过与品牌之间进行的情感互动，消费者可以感觉到该品牌能够反映或者契合自己的情感，并且可以就这个品牌与他人进行交流共享。品牌共鸣能增强消费者对品牌的认同与依赖，使企业收获较高的品牌忠诚度。

戴比尔斯在营销其钻石时，并不着力于宣扬其钻石如何珍贵稀有，而是赋予它爱情的魅力——"钻石恒久远，一颗永留传"。人们购买的就不仅仅是钻石本身，而是对爱情的坚贞与执着。新加坡一家名为"面包物语"的连锁面包店所生产的面包与其他企业大同小异，但其独特之处就在于给每种面包都取了非常好听的名字，编出了非常动人的故事。这样一来，消费者买面包，不仅满足了一般的营养需求，更走进了一种特定氛围中，很容易产生情感共鸣。

还有知名的耐克公司，它在男性市场上牢牢站稳脚跟后，转而集中火力进攻女性市场。为了赢得女性用户的偏爱，它在深入了解女性内心世界的基础之上推出了非常独特的广告。广告作品采用对比强烈的黑白画面，背景之上凸现的是一个个交织在一起的"不"字，广告词更是意味深长，充满一种令人感动的希望：在你一生中，有人总认为你不能干这不能干那；在你的一生中，有人总说你不够优秀，不够强健，不够天赋；他们还说你身高不行，体重不行，体质不行，不会有所作为。

耐克的广告完全不像一个体育用品商的销售诉求，而更像一则呼之欲出的女性内心告白。这则广告获得巨大成功，广告推出后，许多女性用户致电耐克说："耐克广告改变了我的一生……""我从今以后只买耐克，因为你们理解我"。这些结果也反映在销售业绩上，耐克女性市场的销售增长率超过了其在男性市场的表现。

这几个例子的共同之处就在于，品牌引发了消费者的强烈共鸣，已经超出了商品的意义，而成了消费者的情感寄托。就像品牌策略专家史考特·泰格所言"能虏获你的心的品牌就能够促成行动，能够屡获你的感情的品牌就能够获得青睐。"情感对心理的刺激比普通思考对心理的刺激要快3000倍，在大多数购买行为中，在理智采取行动之前，情感已经在开始运转了。一个品牌如果能令消费者产生共鸣，那么，就等于抓住了消费者情感的阀门。

18世纪法国启蒙思想家狄德罗曾说："没有感情这个品质，任何笔调都不可能打动人心。"品牌同样也是如此，"攻心为上"，品牌需要通过感情传递、感情交流、感情培养，让消费者产生心灵上的共鸣，这样企业的产品才更容易为顾客所理解、所喜爱、所接受。品牌就是心灵的烙印，烙印是美丽还是丑陋，是深还是浅，决定着品牌力量的强弱、品牌资产的多寡和品牌价值的高低。

高度一致的"品牌＋定位＋差异化"才能实现成功营销

在信息爆炸和社区网络化的时代，消费者的权力变得越来越大，企业必须采取高度一致的"品牌＋定位＋差异化"手段才能实现营销目的。

——科特勒《营销革命3.0》

科特勒认为，在营销3.0时代，营销应该被定义为品牌、定位和差异化这三者所构成的等边三角形。在消费者水平化时代，品牌只强调定位是远远不够的。消费者或许能牢牢记住某个品牌，但这并不表明这是一个良好的品牌。这个时候的定位纯粹是一种主张，其作用在于提醒消费者避开虚假品牌。没有差异化，营销的等边三角形就是不完整的。从根本上来说，差异化只有和定位一起发挥作用，才能创建出良好的品牌形象。

要实现高度一致的"品牌＋定位＋差异化"，企业需要做到品牌标志、品牌道德和品牌形象三者的完整融合。品牌标志能让品牌区别于其他品牌，在市场信息繁杂的今天，要让消费者一眼就注意到某个品牌、记住某个品牌，品牌标志必须鲜明深刻，品牌定位必须新颖独特，同时，它们还必须和消费者的理性需求和期望相一致。而品牌道德是指营销者必须能够达成在品牌定位与差异化过程中所提出的主张。企业能否实现承诺，能否让消费者信任自己的品牌，这都将由品牌道德来决定。品牌形象是指品牌与消费者之间所形成的强烈的情感共鸣。

营销的巅峰在于品牌标志、品牌道德和品牌形象三大概念的完整融合。也就是说，营销所要完成的就是要清晰地定义企业独特的品牌标志，然后用可靠的品牌道德强化它，最终建立起强大的品牌形象。

企业品牌战略的核心在于品牌规划，这关系到一个品牌未来的前途命运。而品牌规划的首要一步就是对品牌进行科学、合理的定位，也就是告诉消费者"我是什么"。解决了"我是什么"的问题，其实就解决了"卖给谁"的问题，也就解决了品牌的目标消费人群定位问题。

奢侈品的定位是尊贵，目标消费人群是有身份、有地位、有经济实力的人，既然如此，那么，产品价格自然不会便宜，产品品质也必然精益求精，广告传播的对象也一定是"有身份有地位的成功人士"。

在确定了品牌定位之后，企业需要通过品牌差异化为品牌在消费者心目中占领一个特殊的位置，以区别于竞争品牌的卖点和市场地位。品牌差异化比产品差异化要难得多。品牌差异化是在品牌概念、品牌个性上与竞争对手做区隔，例如，中国移动动感地带"我的地盘我做主",主打年轻人群体,就是一种品牌差异化的例子。

品牌差异化定位的目的就是将产品的核心优势或个性差异转化为品牌,以满足目标消费者的个性需求。成功的品牌大都具有一个差异化特征,明显区别于竞争对手,符合消费者需要,并能以一种始终如一的形式将品牌的差异与消费者的心理需要连接起来,通过这种方式将品牌定位信息准确传达给消费者,在潜在消费者心中占领一个有利的位置。

就拿矿泉水来说,一瓶矿泉水卖到几十元,有可能吗?有可能。虽然在矿泉水市场中,像娃哈哈这样一线品牌的矿泉水也不过1.5元一瓶,进口矿泉水也就三五元,而依云矿泉水是个例外,其主要原因就在于,依云树立了丰富并吸引人的品牌文化——依云矿泉水来自高山融雪和山地雨水汇聚的阿尔卑斯山脉腹地,经过长达15年的天然过滤和冰川砂层的层层矿化与自然净化,最终形成了独一无二的依云水。

1789年的某一天,有一位患有肾结石的法国贵族散步到此地的一个小镇,无意间饮用了当地的泉水,觉得口感甜美滑润,于是取了一些当地的水坚持饮用,一段时间后他惊奇地发现自己的肾结石奇迹般地消失了。这桩奇闻迅速传开,专家们对依云水专门做了分析研究并且证明了它的疗效。从这以后,大量的游客涌到了依云小镇,亲自体验依云水的神奇,医生们更是将它列入药方。拿破仑三世与皇后对依云镇的矿泉水更是情有独钟,1864年,正式赐名该地为依云镇,依云矿泉水也随之走向了全世界。

这就是品牌差异化定位所带来的奇效。品牌+定位+差异化,三者合一,达到高度的一致,不仅能吸引消费者注目,更能将品牌根植到消费者心中,如此才能造就一个成功的品牌。

能在顾客心中产生正面联想的品牌才能成为强势品牌

只要品牌能在顾客心中产生正面的联想，那么这种品牌便可称得上是强势品牌。

——科特勒《营销管理》

科特勒认为，品牌如果不能让人产生认知，那么，品牌就不可能成功。一个没有联系能力的品牌，就没有拓展品牌关系的能力。品牌由于依附于某种特定的产品和企业而存在，所以通常他也就成为这种产品和企业的象征。当人们看到某一品牌时，就会联想到其所代表的产品或企业的特有品质，联想到在接受这一品牌的产品或企业时所能获得的利益和服务。因此，每一个企业打造自身品牌的时候，首要的任务就是建立品牌在消费者心目中的正面联想。

品牌联想不仅存在，而且具有一定的力量。消费者积累了许多次视听感觉和使用经验后，会加强同品牌的联系。科特勒提醒企业，在建立品牌联想时，应该注意把品牌的负面联想降到最低。同时，建立正面的品牌联想要注意差异化，才能在消费者心中形成更深刻的印象。如果麦当劳的联想和其他竞争品牌相同，那它的品牌便会毫无价值。

科特勒认为，企业要为品牌建立起多元的正面联想性，应该考虑可以传递正面联想的5个方面，即特质、利益、公司价值、个性和使用者。

一是产品特质。品牌首先使人联想到产品的某种属性。例如，一提茅台酒就使人想到它的工艺完备、昂贵、酒香浓郁、口感醇厚、尊贵等。企业可以采用一种或几种属性为产品做广告，如茅台酒一直作为众口皆碑的"国酒"而身价不菲。

二是产品利益。消费者买产品，最终目的不是购买产品的某一属性，而是要获得某种利益以满足自身需求。属性需要转化为功能性或情感性的利益。譬如，"昂贵"的属性可以转化成情感性利益，昂贵能让消费者感到尊贵与被尊重；"工艺完备"的属性也可以转化为功能性利益，工艺佳则品质有保证、口感有保证。

　　三是企业价值。品牌也能够体现一部分生产者的价值。例如，茅台酒代表着高技艺、声望、自信，等等。品牌营销人员必须对此加以分辨，甄别出对此感兴趣的用户群体。

　　四是产品个性。品牌也能反映一定个性。如果品牌是一个人或者某样物体，那么会使人联想到什么呢？例如，提到万宝路，人们第一时间想起的就是西部牛仔。品牌联想的衍生物是否符合用户的审美观，会直接影响到顾客的购买行为。顾客如果向往西部牛仔那种狂野与自由，那么，他很可能就会钟情于万宝路。

　　五是产品使用者。品牌还暗示了购买或使用该产品的消费者群体的特征，也就是使用某品牌的用户是什么类型的人。当这种暗示在社会上形成风气与公论，就会吸引更多具有或希望具有此种特征的用户来购买。例如，有句话说"开宝马坐奔驰"，意指宝马具备运动性，能让人享受驾驶过程，而奔驰具备舒适性，坐起来很舒服。消费者在选车时，多多少少会受到这种"公论"的影响。

　　科特勒强调，品牌必须要能在顾客心中产生正面的联想，引发品牌共鸣，这样才称得上是强势品牌。营销人员在设计品牌时不能仅仅设计一个名字，还要设计一整套品牌含义，营造正面的联想，这样的品牌才是深度品牌。

品牌化的根本就是创建产品之间的差异

　　品牌化是赋予产品或者服务以品牌的力量。它的根本就是创建产品之间的差异。营销者需要通过赋予名称以及其他识别元素教会消费者产品是"谁",它是干什么的,消费者为什么要在乎它。
——科特勒《营销管理》

科特勒曾说,品牌化其实就是在消费者身上创建一种心智结构,也就是要让消费者确信在该品类的产品或服务中,品牌之间确实存在有意义的区别。这需要通过差异化来实现。

提炼一个高度差异化、个性化的品牌核心价值并以非凡的定力坚持它,这已经成了许多国际一流品牌的共识,也是打造百年金字招牌的秘诀。看一看世界商业史上的那些成功品牌,它们无一例外地都有一个共性,那就是它们都拥有个性鲜明独特的差异化的品牌核心价值。例如,舒肤佳的"除菌",大众甲壳虫汽车的"想想还是小的好"等。

通过差异化来构建品牌,"维多利亚的秘密"也是一个很好的例子。

在"维多利亚的秘密"诞生之前,大多数美国妇女都在百货商店购买内衣,而当时能够作为"内衣"的产品并不是很多。莱斯利·韦克斯纳在欧洲亲眼看到妇女们从小型时装用品店购买昂贵的、作为时尚品的内衣后,他认为这种类似的商店模式在美国大有市场前景,尽管这和当时一般购物者在百货商店里所看到的大不相同。韦克斯纳认定美国妇女会爱上这种欧洲式的内衣购买体验。他认为,女性不仅需要内衣,更需要真正的女性内衣,需要时尚的、能带来完美体验的内衣。

事实证明韦克斯纳的判断是正确的。在他收购"维多利亚的秘密"并将欧式的购买体验引入之后,"维多利亚的秘密"的顾客平均每年购买胸罩8~10个,而其他品牌的平均水平为2个。为了维护品牌的高端声誉和迷人魅力,该公司邀请了高知名度的超级名模在广告和时尚秀中做代言。"维多利亚的秘密"已成为极受女性欢迎的知名品牌。

"维多利亚的秘密"在购买方式以及产品本身上都实现了差异化，这个品牌因此而别具一格，吸引了大批品牌忠诚度极高的用户。

拿日化行业来说，像宝洁，尽管它旗下有众多的洗发水品牌，如海飞丝、飘柔、潘婷、伊卡璐、沙宣，但每一个品牌都有着自身差异化的优势，个性鲜明，定位精准，完全能够覆盖不同消费者的个性化需求，再加上宝洁娴熟的品牌运作手段，使每个品牌都具有很强的竞争力。

还有联合利华，它推出清扬洗发水，一开始就明确告诉消费者，清扬是专门针对男性消费者去屑的，联合利华投入5亿元的推广费正是为了将这一点烙刻在消费者心中。

而相比之下，本土的品牌在品牌差异化上就还有一段差距。品牌核心价值模糊、差异化不明显已成为许多品牌难以做大做强的通病。有的企业虽然也投入巨资来做广告、做推广，但打出来的广告语与诉求点却并没能真正体现差异化，缺乏鲜明独特的个性，显得空洞化，这种空洞的品牌很难俘获消费者的心。

第三章
品牌难立易毁，开发管理需谨慎

品牌强化：让品牌不断向前避免贬值

　　作为公司主要的持久性资产，品牌需要被小心管理才不至于贬值。强化品牌资产要求在数量和种类上提供持续的营销支持。品牌必须不断向前，但是要朝着正确的方向，有新的、令人喜爱的产品及营销方式。那些止步不前的品牌，它们的市场领导地位在不断退缩甚至消失不见。

——科特勒《营销管理》

　　科特勒指出，企业应该谨慎地管理自己的品牌。品牌资产必须妥善地加以管理才不至于贬值。品牌不能止步不前，而应该朝着正确的方向不断向前。在管理品牌资产时，企业最重要的是做好两点，一是加强品牌、强化其意义。比如，对产品进行改进，使之更受欢迎，或者发起富有创意的广告战役等；另一个则是发挥现有品牌资产的杠杆力，以收获一些财务利益。总而言之，品牌树立起来了，并非一劳永逸，如果不能让品牌得到持续的强化，那最终会削弱品牌意义和品牌形象，甚至让一个本来响当当的品牌逐渐没落。

　　品牌强化，最重要的不是重金砸广告，而是为顾客创造完美的品牌体验。现在的顾客可以通过广泛的联系接触点来了解某个品牌，这既包括广告，也包括对该品牌的亲身体验、口碑传播、企业网页以及很多其他方式。企业要强化自己的品牌，就必须管理好这每一个接触点。管理好顾客的品牌体验可以说是建立品牌忠诚的最重要的要素，顾客每一次满意的体验，都能够对品牌起到强化作用。

企业还必须让全体员工都参与到品牌强化这个长远的工程中来，开展内部品牌建设，帮助员工理解企业的品牌承诺，并对其保持热情。更进一步，企业还可以培训和鼓励分销商和经销商为顾客提供优质服务。

品牌强化需要企业付出持续不断的努力。我们可以看一个美赞臣的案例。

在中国的奶粉行业，雀巢曾经是这个行业的第一品牌，居于绝对的领导地位，但是，现在的雀巢并没能保持在奶粉业的这种辉煌，拱手让出了第一的位置。而同样来自美国，美赞臣却是一个很惹人注目的品牌，它可以说是一枝独秀，始终在高端婴儿奶粉领域位居领先地位。

这两个品牌在全球市场都是鼎鼎大名的，但二者的经营方式有很大差别，结果也就很不相同。雀巢在奶粉领域几乎覆盖了所有的品类和价位，甚至连与奶粉相近的豆奶粉都做。然而，"全面开花"的策略并没能让雀巢获得决定性胜利。相比之下，美赞臣就不同了，它进入中国后，一直锁定高端婴儿奶粉市场，雷打不动，并且不断强化其"益智"的品牌定位。这种长期的聚焦与建设最终让美赞臣尝到了甜头。虽然从营业额上看，美赞臣远不及雀巢，但在奶粉领域的利润总额，却不容小觑，它几乎可以称得上是中国奶粉行业最会赚钱的品牌。

美赞臣专注于高端婴儿奶粉，因此它对用户的需求把握得更精准，能为用户带来更优质的品牌体验，而其品牌也因此得到了不断的强化，美赞臣的市场地位也得到了提升和巩固。

品牌强化是一场持久战，它需要企业在品牌定位和传播方面不断地坚持，去传播品牌的理念，让品牌深入人心。像耐克的"Just do it"推广了15年才众人皆知；百事可乐用50多年的时间将自己的形象与"新一代"结合起来；沃尔沃的"安全"推广了60年；宝马的"驾驶的乐趣"持续了30多年，等等。要让消费者记住一个品牌的核心理念是需要时间和巨大的传播费用的。坚持核心品牌主张在一定时期内持续不变的情况下，在传播策略和方法上不断进行微创新，这才是品牌传播之道。

品牌活化：让衰退品牌焕发新颜

通常，品牌活化的第一步是要了解品牌资产来源于什么，那些积极的品牌联想丢失了它们的强项以及独特性了吗？有没有消极的品牌联想与品牌产生关联？然后决定是否坚持原来的定位或者重新定位，如果是后者的话，新的定位如何？

——科特勒《营销管理》

科特勒指出，消费者品位和偏好的变化、新的竞争者和新科技的出现或者是营销环境的任何新发展都可能影响到一个品牌的命运。科特勒说，很多曾经著名的、受尊敬的品牌都曾经历过困难时期甚至因此消失，但经过品牌活化，其中的一些品牌得以重新归来，并散发出重生一般的新活力。像瑞士四大钟表制造商之一的真力时（Zenith）还有大众等都曾经经历过低谷，而最后也都成功扭转了其品牌命运。

科特勒建议企业，当品牌走到"山重水复疑无路"的境地时，不妨考虑"重回基础"，也就是回到最初的定位上，重新起步；

如果原有的定位不再可行,那么企业可以尝试着进行"重新创造",也就是根据实际情况和企业的发展规划,来确定新的定位。无论采取哪种方式,其最终的目的都是一样的,那就是让品牌重新"活"起来。

品牌的活化,有多种方式。比方说,更新包装,旧貌换新颜,除了帮助消费者杜绝假冒、认清识别以外,还能突出激活在消费者中原有的品牌形象,刺激消费者购买欲望,像三精的"蓝瓶",就是这样的例子。企业还可以更换形象代言人,形象代言人确实能为品牌增色不少,但是用久了,或者用得不到位,消费者就容易产生感官麻木、视觉疲劳,这是值得警惕的。此外,企业还可以尝试转换渠道,如果现有的渠道无法为产品打开销路,那么,更换渠道,大胆尝试,或许能找出一条"活路"。

事实上,激活老品牌的办法很多,消费者在不断演变,品牌也必须不断求新求变,要跟得上市场背景和消费者的消费行为。就像迪士尼公司的一位前任CEO所说的那样,品牌是一个有生命的独立体,它会随着时间流逝而逐渐衰弱。要让品牌摆脱或者延缓这种衰老的趋势,企业就必须在品牌活化上下功夫。

品牌延伸:利用已建立的品牌推出新的产品

当一个公司想要利用已建立的品牌来推出新的产品时,这个产品叫品牌延伸。品牌延伸一般可分为两类:产品线延伸和特许商品。潜在的延伸必须判断现有品牌对新产品发挥杠杆作用的效益如何,同时反过来这种延伸对现有母品牌的影响如何。

——科特勒《营销管理》

科特勒指出,品牌延伸就是使用一个已有的品牌在新产品类别中推出新产品或者改进的产品。这种策略可以帮助企业将自己的知名品牌或者具有市场影响力的成功品牌扩展到与成名产品或者原产品不尽相同的新产品上,借着成功品牌的名气来推广新产品。

很多企业都在运用这种品牌延伸策略,例如,金佰利就将其居于市场领先地位的"好奇"品牌从一次性的婴儿纸尿裤延伸到洗发露、润肤露、湿疹膏、浴巾、一次性纸巾等儿童个人护理用品上。还有宝洁,在打响其家庭清洁先生的品牌名气后,又推出了清洁坐垫、浴室清洁工具、家庭汽车清洁套装,还有以清洁先生冠名的汽车清洗液,等等。

品牌延伸一般有两种形式,一是产品线延伸,也就是借助母品牌在目前已经形成的产品类别中增加新产品,这可以通过改变风味、形式、颜色、成分或包装等来实现。比方说,一个方便面品牌旗下可推出不同口味的产品,如老坛酸菜牛肉味面、鲜虾鱼板面、老坛泡椒牛肉面、红椒牛肉面,等等。

第二种形式是特许商品,这是指企业的品牌特许给实际生产某产品的其他制造商使用,例如吉普公司,拥有 600 种左右的产品和 150 家被特许的商家,从婴儿车到服装都有吉普公司的特许商品。

品牌延伸策略具有多种优势,借助于已经成功的品牌,可以让新市场迅速接受新产品,从而达到吸引新用户、扩充经营范围的目的。日本索尼公司前总裁盛田昭夫就深谙此道,他将所有新的电子产品皆冠以"索尼"之名,产品一上市就可以快速赢得消费者认可,因为消费者早已熟悉索尼这个品牌,并将索尼的品牌与质量可靠、功能先进等特征联系在一起,形成了极强的品牌忠诚度。这使得索尼公司在后来的发展过程中得以迅速扩充实力,不断占领、开发新市场,一举成为世界知名企业之一,品牌延伸策略的效力之强可窥一斑。

品牌延伸为营销者提供了一个品牌增值的新途径,它可以节省用于促销新品牌所需的大量费用，它还能使消费者迅速认识新产品。对企业来说，打造一个品牌是一个长期的、艰巨的任务。企业为了市场的推广需要，常会采用"一顶帽子大家戴"的品牌延伸策略，尤其对于资源有限的中小企业来说，这是一个让新产品尽快进入市场的好方法。但是，品牌延伸策略也不可以滥用，就像龙永图先生曾经说过的："一顶帽子大家戴也不能够瞎戴，瞎戴可能会砸了你这个品牌。'一顶帽子大家戴'是一个必须慎重运用的策略。"

营销者需要从多个方面对品牌延伸进行谨慎衡量，包括消费者的哪些需求尚未得到满足，品牌的现有认知状况和潜在正面和负面认知情况，以及品牌的长期发展战略等等，要站在消费者和市场前景的角度去做出理性的判断和决策。

联合品牌：强强联合的"1+1＞2"效应

营销人员通常会以多种方式把自己的产品和其他公司的产品联合起来。联合品牌又称双重品牌或品牌捆绑，即两个或更多知名品牌被组合用于一个共同的产品上或者以一些方式共同进行营销活动。

——科特勒《营销管理》

科特勒指出，企业可以将旗下的某个品牌与自己的其他品牌或者其他公司的品牌捆绑起来，形成联合品牌。联合品牌最大的优势是一个产品身上可能会聚了多个品牌的优点，因而更能吸引消费者，也更能让消费者信服。

品牌联合是在瞄准同一市场，但没有构成直接竞争的企业间进行战略整合。它通过把时间、金钱、构想、活动或演示空间等资源整合，为任何企业，包括家庭式小企业、大企业或特许经营店提供一个低成本的渠道，去接触更多的潜在客户。品牌联合需要寻找和企业服务同类顾客的其他企业，统一战线，以合作的方式来更好地吸引现有和潜在的顾客，更好地开拓共同的市场。两个企业建立联合品牌伙伴关系，能使各自的潜在客户量翻一番。这种策略是一种省钱省时、颇有成效的营销方式。

2012年，一部《复仇者联盟》的电影横空出世，掘金能力不俗，被影迷戏称为"妇联"。这部影片的特色在于，它将众多知名影片中的超级英雄集结在一起，一部影片融合了钢铁侠、美国队长、绿巨人、雷神、鹰眼、黑寡妇等角色，他们组成了强大的"复仇者"团队，共同惩恶扬善，为和平而战。可以说，《复仇者联盟》席卷全球的票房风暴，来得并不意外，一次性打包多个超级英雄，能迎合影迷的不同口味，并巧妙地利用了这些超级英雄已经建立起来的知名度。

其实，从营销角度而言，《复仇者联盟》是一个很好的联合品牌营销的典范，这个"复仇者"团队中的每一位英雄无一不是成功的荧幕形象，可以说每个人都是响当当的一块招牌，而将他们集结在一起，这部新片就完全不用担心怎样塑造知名度和影响力，因为它是众多优质"品牌"的大联合。

在商业竞争中，联合品牌的运用更是广泛，它既可以是同一家公司的品牌联合，也可以是合资的联合品牌。举例来说，像通用电气和日立共同推出电灯泡；花旗银行和美国航空公司共同推出信用卡；摩根大通和美国航空联合创造的大通美国旅行卡；苹果、IBM和摩托罗拉发起的一次性技术联盟Taligent；耐克和苹果联合创造了"耐克+iPod"运动套装，跑步者可以将其耐克鞋与iPod Nano连接起来，从而实时记录好，加强跑步效果。

通过品牌联合，一个品牌可以嫁接另一个品牌的优势，一个企业可以跟另一个企业强强联合进行互补，由于原来的品牌在不同的产品类别中已经打下了一定的基础，所以联合后的品牌将创造对消费者更强的吸引力和更高的品牌资产。联合品牌还可以使企业将现有品牌扩展到新产品类别中，比起单独进入某个新市场，难度和风险都降低了很多。

需要注意的是，品牌联合在很多情况下意味着两个原本并无交集的企业要进行多方面的融合与磨合，所以，是存在一些问题和风险的。要达成这种联合，企业必须考虑这样几个问题：

第一，目标消费者是否具有共性。每个企业或者品牌都有属于自己的消费群体，如果进行联合营销的品牌没有共同的消费者资源，那么这样的联合一定会失败。

第二，品牌追求是否一致。品牌不仅仅是一个符号，它体现着消费群体对文化、利益等方面的追求。如果进行联合的品牌没有一致的品牌追求，那么，就很难凝聚在一起。

第三，品牌联合需要通过法律合同或许可证书来保障，这样能对企业形成约束力，能为品牌联合保驾护航。

把自己的品牌交给别人使用或者与别人共同开发，这就如同将自己的孩子交给他人一样，需要力保"孩子"交出去后能得到最好的照顾。进行联合的两个或多个品牌必须周密地协调其广告、促销和其他营销努力，一旦开始采取合作品牌策略，双方都必须精心呵护对方的品牌。

成分品牌：为产品创建足够的知名度和偏好

成分品牌是联合品牌的一个特例。它为材料、成分、零件和部件创建品牌资产，而这些又是其他品牌产品所必须包含的东西。

——科特勒《营销管理》

第六篇 品牌：企业最持久的无形资产

科特勒指出，成分品牌是一种比较独特的联合品牌的形式。它不是为某个产品创建品牌资产，而是为产品的材料、成分或者零部件创建品牌资产。比方说，杜邦就很善于经营成分品牌，它做出了很多创新，像莱卡、尼龙、特弗龙涂层、凯芙拉纤维，等等，这些都是其他公司生产产品的重要成分，而它们的开创者却是杜邦。其他知名的成分品牌，譬如食品业的利乐、音响系统的杜比，等等。

从本质上而言，成分属于生产的中间投入，它隐藏在最终产品之中，并不直接与最终用户接触，所以在大多数情况下，消费者关注的往往是产品和产品利益，而对成分则并不会刻意留心。而成分品牌化则打破了这一常规，它将成分从生产的后台推到销售的前端，让最终用户对产品所含的某种成分产生印象乃至偏好。最终形成这样一种理想情况——该成分将逐渐成为最终产品行业的标准成分，如果某产品含有该成分，那么消费者会觉得产品是可信的；而如果不含有该成分，那么消费者就会对产品的质量和信誉产生怀疑，通常不会购买这种产品。比方说英特尔的例子。

CPU，中央处理器，是一台计算机的运算核心和控制核心，作为一种复杂的电脑部件，如何让计算机的终端消费者像车主知道汽车的发动机一样熟悉计算机的中央处理器？英特尔做到了这一点，它第一次把电脑部件直接与终端用户连接起来，创造了"Intel Inside"的品牌标志，显示品牌的"品质、可靠、技术领导"。

自1991年6月开始，英特尔发起了"Intel Inside"的品牌推广运动。"Intel Inside"项目通过在授权的计算机制造商的系统上粘贴注册的英特尔公司商标和"Intel Inside"标识，以使消费者知晓系统采用的是英特尔生产的微处理器，从而获得先进技术和优秀品质的保证。

"Intel Inside"品牌推广运动持续10余年，在全球的广告投入超过70亿美元，参与的机构已达2700家，对整个产业的品牌管理和营销产生了巨大的影响，改变了市场价值链上各个环节的传统平衡，使CPU而不是计算机的品牌成为消费者的关注对象。提起CPU，消费者必然想起英特尔，提起英特尔，消费者必然想起"Intel Inside"。有了如此之高的知名度与认可度，英特尔在计算机行业取得了"挟天子以令诸侯"的地位。

"Intel Inside"不仅是英特尔公司的奇迹，更创造了营销史上的奇迹。它造就了400亿美元的品牌价值。在"Intel Inside"这个强大的成分品牌羽翼下，英特尔又推出了Pentium、Celeron、Xeon等产品品牌，并大获成功。曾任英特尔首席执行官的安迪·格鲁夫认为，"Intel Inside"计划是英特尔公司有史以来的一项最佳投资。

成分品牌能给企业带来很多利益，它可以提升成分的品质认知度，提升产品的售价，构建行业标准，提高成分的价格，等等。

成分品牌固然能带来很多利益，但任何事物都有两面性，成分品牌也存在一些隐患。当某种成分成为行业标准时，那么，成分供应商就等于与该成分被绑定在了一起。一旦成分出现任何问题，那么成分供应商将被推到风口浪尖之上，而产品制造商也会受到波及。另外，要成功打造一个成分品牌需要大量的投入，这不是一般的小企业所能承受的，从英特尔公司的案例中就可以看出这一点。而且，成分品牌的推而广之，离不开产品制造商的协助推广，要让制造商看得到合作之后的品牌发展前景，他们才会认可并参与到成分品牌的共同建设中来。

品牌接触：让每个接触点上都产生正面关联体验

　　品牌并不是仅仅通过广告建立的。顾客通过一系列的联系和接触点来了解品牌：个人观察及使用、口碑、与公司员工的互动、网上或者电话体验，以及付费交易经历。品牌接触是顾客或潜在顾客对品牌、产品品类或者与营销者的产品或者服务有关的市场的任何信息关联体验。不管是正面的还是负面的，公司必须努力管理这些体验，就像投入广告中的努力一样。

——科特勒《营销管理》

　　科特勒认为，要经营好一个品牌，广告只是一个方面，营销人员更需要关注的，是品牌接触。科特勒强调，除非企业里的每个人都实践品牌，否则品牌承诺难以被传递出去。消费者能通过不同的层面来接触品牌，每一个层面的体验都会有所不同，而品牌接触管理就是要让这些不同都变成一种核心利益的共同感受。

　　品牌接触点可以分为3个层面：

　　第一个层面是消费者只能看，只能听，却接触不到。停留在这一层面的品牌，大部分都是由企业从单一的角度来传播产品信息，他们往往会把产品的特点与利益以较为夸张的描述传达给消费者，然后让消费者去想象、去体会。

　　第二个层面则是实质性的接触阶段，消费者带着企业所传播的品牌理念，进一步去实际地接触和体验品牌，消费者能全面地感受产品，感受服务，感受每一个体验的细节。

　　第三个层面是在消费者采取了实际的购买行为之后，对品牌和产品有了更深入的体验，如果消费者所感受到的与企业所宣传的差别不大，而且产品的确给消费者带来了很大的利益和价值的话，那么，就会形成连续消费。

科特勒建议企业定期进行"品牌审计",分析一下:企业的品牌是否能够传递对顾客真正有价值的利益?品牌是否被很好地定位?是否所有的消费者接触点都支持这一品牌定位?企业员工是否知道该品牌对消费者意味着什么?该品牌是否能够得到合适的、持续的支持?通过这样的品牌审计,企业可以更清晰地审视是否在每一个接触点上都给顾客创造了正面的、积极的正面关联体验,从而可以更好地进行品牌接触点管理。

就拿麦当劳、肯德基来说,无论它们位于世界上哪个角落的门店里,消费者都能感受到整齐划一的风格,都能体验到同样优质的服务。它们的品牌是靠每一个服务细节来不断支撑的,消费者无论是在媒介广告上看到它们的产品还是到店里去消费它们的产品,在所有的品牌接触点上,它们都是一致的,都是相吻合的,这样它们的品牌才能恒久不倒。

当然,在现实之中,即使是知名的大品牌,也不可能在每一个接触点上,都保持高度一致,总会有问题和纰漏出现,所以,它们不可避免要损耗一些顾客。当抱怨和投诉出现的时候,说明一定是某个接触点上出现了问题,在这种时候,如何与顾客沟通、如何处理问题就会直接影响到品牌在顾客心中的形象和分量。这就好比一条管道,出现了一两个细小的渗漏点并不可怕,但如果不及时修补,那么,小缺口会变成大缺口,甚至会让整个管道爆裂开来。

品牌接触点管理必须从细节处着眼。很大一部分品牌出现问题往往并不是产品质量遭发难,而是在接触点上的沟通造成障碍,从而使问题不断放大,形成品牌管理的缺口。一个品牌的产品传递到消费者手中,要经过很多环节,而其中的经销商与终端店服务是企业较容易忽视、也较难以直接管理的地方,但又是最真切表现企业品牌管理真功夫的地方。很多企业所宣传的美轮美奂的品牌形象常常与其经销商和终端店的服务体现

第六篇　品牌：企业最持久的无形资产

形成巨大反差，而品牌形象就这样被破坏了，品牌管理就这样失败了。优秀的品牌接触点管理，不仅可以从表面看到，也可以从内心感受得到。